中国近代实业家丛书

丛书主编 ◎ 罗一民

开路先锋

张謇

罗一民 ◎ 著

江苏人民出版社

图书在版编目（CIP）数据

开路先锋：张謇 / 罗一民著. —— 南京：江苏
人民出版社，2021.10
（中国近代实业家丛书）
ISBN 978 - 7 - 214 - 26608 - 8

Ⅰ．①开… Ⅱ．①罗… Ⅲ．①张謇－传记 Ⅳ．
①K825．38

中国版本图书馆 CIP 数据核字（2021）第 208976 号

书　　　名	开路先锋：张謇
著　　　者	罗一民
责 任 编 辑	王翔宇
责 任 校 对	鲁从阳
装 帧 设 计	周　晨
责 任 监 制	陈晓明
出 版 发 行	江苏人民出版社
地　　　址	南京市湖南路 1 号 A 楼，邮编：210009
照　　　排	江苏凤凰制版有限公司
印　　　刷	南京新洲印刷有限公司
开　　　本	880 毫米×1230 毫米　1/32
印　　　张	6　插页 4
字　　　数	150 千字
版　　　次	2021 年 11 月第 1 版
印　　　次	2023 年 12 月第 3 次印刷
标 准 书 号	ISBN 978 - 7 - 214 - 26608 - 8
定　　　价	39.00 元

（江苏人民出版社图书凡印装错误可向承印厂调换）

序

　　江苏凤凰出版传媒集团推出"中国近代实业家丛书"，着重介绍张謇、张之洞、卢作孚、范旭东等人，这是拓展中国近代实业家和中国近代史研究的好事。我衷心希望这套丛书能引起多方面的关注，产生多方面的影响。

　　向称康乾盛世的大清帝国，到了嘉道年间，实际上已经是落日余晖，回光返照。嘉道年间，从表面上看，基本上还是政局稳定，四海安澜。但害人的鸦片不断进入中国，引起朝野震荡。国人对于鸦片的认识，也是纷纭鼓噪，莫衷一是。许乃济主张实事求是，加以区分，予以引导，即所谓驰禁；邓廷桢等起初赞同此说，但黄爵滋等语调高亢，特别激昂，林则徐等旗帜鲜明，要求除恶务尽，非严禁何以立国？于是乎，禁烟成为当时中央政府的重大抉择。林则徐以湖广总督身份被急调入京，接受咨询，最终被委以重任，以钦差大臣之命南下岭海，这就有了后来的虎门销烟，更有了此后的鸦片战争，也成为中国近代史的开端。天安门广场的人民英雄纪念碑上的第一幅浮雕，就是反映这一重大历史事件的。

　　以鸦片战争这样的事件开启了近代中国的历史闸门。而当时对鸦片的认识，却相当肤浅，林则徐回答道光皇帝说，是在一种药物里掺杂了乌鸦的肉，故称之为鸦片。由此引发的两次鸦片战争，以及后来的中法战争、甲午中日战争、庚子年八国联军入侵，真真切切使偌大的中国深陷风雨飘摇之中，且不说此后九一八事变之后日本等对中国的悍然蹂躏公然践踏，长达十四年。熟读中国近代史的人，大都对太平天国运动、戊戌变法、义和团运动、辛亥革命等特别关注，也对晚清以来的中国究竟该走向何方见仁见智各有解读。面对这样的深陷危机的古老帝国，到底路在何方？怎样才能摆脱几乎要亡国灭种的严峻态势？许多人提出了不少富有建设性的意见、方案，也进行了很多有意义的积极探索。习近平总书记曾说，清代洋务派代表人物之一张之洞，是有改革观念的一个人。清代末年，社会矛盾积重难返，大局变革势在必行，各种观点沸沸扬扬，各种人物粉墨登场，各种议论莫衷一是。张之洞感叹道："旧者因噎而食废，新者歧多而羊亡；旧者不知通，新者不知本。不知通则无应敌制变之术，不知本则有非薄名教之心。"说的就是因把握不好守成和变革的分寸形成共识之难。

我们发现，自鸦片战争以来，一方面是危机日益加深，局势步步糜烂，另一方面，却又有不少人在积极努力，顺应时代潮流，感知世界大势，敏感于地理大发现的今非昔比，洞察到工业革命所带来的地覆天翻，体察到当时中国传统文化已经无力回应西洋文明的磅礴进取之势。他们孜孜以求，或自强求新，或倡扬中体西用，力求拯救这个国家，振兴这个民族。在这样的群体中，有军政人物，有知识分子，有旧式官僚，有民间人士，有商界达人，八仙过海，各显神通。而其中有一批这样的人，尤显突出，他们既可称之为官僚，也可称之为新式知识分子，但又活跃在商界，创办或者推动创办实业，他们有着多重身份但因为在实业上的艰苦实践筚路蓝缕，而成为名之为"实业家"的特定人群。如张之洞，如张謇，如盛宣怀，如卢作孚，如范旭东，如无锡荣家兄弟，等等，薪火相继，生生不息，为这古老帝国创业兴企注入新鲜活力。

机缘巧合，我在江海门户的南通工作有年，对状元实业家张謇逐步有了较多的了解。经过深入细读有关文献，置身濠河两岸多年体察，听不少人研究谈论张謇的种种开拓，日益觉得张南通其人的不简单了不起，深感他的所作所为在当今的现实意义与不朽价值。他在那样的时代，从旧的科举制度的春风得意中毅然转身，登高望远，俯瞰天下，拥有世界眼光，又有切实可行的实业实践，且对改造社会、治理国家有着独到的真知灼见宏伟蓝图，对这样的一代杰出人物，实在是很难随意用贴标签式的简单化来一言以蔽之。通过深入了解张謇，你会发现，晚清以来，张謇、张之洞等对重整河山、民族复兴，并不是简简单单的纸上谈兵大言炎炎，而是务真求实地大展宏图。张謇办纱厂，兴教育，张之洞对他也多有支持。张之洞本属言官清流，但他出京外放到地方工作主政一方之后，切实感受到启发民智的迫在眉睫，切实感受到编练新军的刻不容缓，更切实感受到兴办实业对于振兴国家的至关重要。他从两广总督（一度兼署两江总督）任上到了湖北，就任湖广总督，扎下身子，兢兢业业，抓芦汉铁路建设，抓汉阳铁厂、兵工厂，抓湖北纱厂，耗尽心血，开辟新局。范旭东、卢作孚等或耕耘于化工领域，或尽心于交通运输事业，也都是挺立潮头，为国兴业，诸多事迹，令人感怀。

就张謇、张之洞、范旭东、卢作孚等人，坊间已有不少文本流传。但历史人物常说常新，把这些看似并不搭界的人物置放在一起，是因为新中国的开国领袖曾从近代轻工业、重工业、化工业、交通业的角度，对他们给予了高度肯定与深切缅怀。前事不忘，后事之师。习近平总书记说，评价一个制度、一种力量是进步还是反动，重要的一点是看它对待历史、文化的态度。根据这样的精神，起意编辑推出这样的一套实业家丛书，希望能够引起读者的注意，激发读者关注实业和近代历史、文化的兴趣，是所愿也。

是为序。

罗一民

2021.10.1

目　录

了不起的张謇

张謇究竟是个什么人？1928 年 8 月，中国商务印书馆在张謇去世两周年后出版了一本邝富灼主编的英文书《现代之胜利者小传》（*Stories of People of Who Achieves Success*），将张謇与世界上赫赫有名的爱迪生、洛克菲勒等 10 多位杰出的成功人士并列，单独立传。

在这本英文传记中，作者不无敬佩地写道："先生脱离了政界的漩涡，看定了实业界中有造机会之可能，他毫不迟疑地抓牢着，奋斗着，终究建设了许多伟大的事业；他抛弃了虚荣，更抛弃了因做官而得的势力和金钱，情愿找能替社会尽义务的机会，在中国实业上，另辟了一条新路，完全从他的机警、创造性和智慧几方面得来。先生为近代最高尚学者。在四十年中创造了很伟大而很合于中国的实业，而又把他的生长之地、一个风气很闭塞的南通，变成中国的模范县……著者曾经同英美法日各国的外宾到过南通，访晤先生，参观地方各事业，大家所得的印象都很深刻，不是说他是一个创造者，就是赞叹他成就了何等伟大的事业，并且大家确认他所创造的南通，是中国的乐土。[1]"

从这里可以看出，在张謇去世前后，就已经有人对张謇的人格、功绩作出了较高的评价。但是，对于张謇究竟是什么人，一般人还是了解不多，乃至于如今还有许多人把张謇的謇（jiɑn）

---

[1] 张孝若：《最艰难的创业者：状元实业家张謇传记》，新世界出版社，2016 年。

读成张骞的骞（qiān），把清末民初的张謇当作是西汉出使西域的历史名人张骞。

这个中缘由，或许是因为张謇的事业没有在鼎盛期保持过久，容易被人们淡忘；或许是因为他理想主义的思想和实践过于高深，往往"曲高和寡"难以被人认可；或许是因为他生前身后所处的时代，恰是中国近代最为浑浊、混乱的年代，无法对他作出冷静、清晰的评析；或许是因为新中国早期的人们囿于僵硬的"阶级斗争"理论束缚，不敢对这个"资产阶级"人物进行客观公正的评论。总之，这位堪与同时代的众多名人、伟人相提并论的杰出历史人物，却长期湮没在或明或暗的历史迷雾之中。

近些年，由于学界及有关各方开拓性、突破性的研究和宣扬，包括随着张謇家乡南通快速崛起而知名度提高，张謇逐渐被人们所知晓、所关注。特别是 2020 年下半年，党和国家领导人习近平两次谈到张謇，称其为爱国企业家的典范和民营企业家的先贤、楷模。这不仅把对张謇的评价提到了历史的新高度，也极大地提升了人们对张謇的关注度、认可度。张謇似乎一夜走红，全国掀起了关注、探究张謇的张謇热。如今，张謇家乡南通的一些历史遗存处，如张謇百年前创办的中国第一个民办博物馆——南通博物苑，常常是参访观光者络绎不绝，人满为患。南通也借机创办了"张謇企业家学院"而面向全国培训企业家，传播张謇企业家精神。

然而，张謇究竟是什么人？似乎仍然仁者见仁、智者见智，无法说清楚。有人说他是实业家，有人说他是教育家，有人说他是慈善家，有人说他是社会活动家，有人说他是政治家，还有人说他是思想家、水利专家和城市设计师。这些林林总总的各种"家"和"师"，确实能从某一个方面反映张謇的面貌，但并不能从总体上界定张謇。其实，即便把各种各样的"家"和"师"都汇总起来，也还是难以对张謇盖棺定论。张謇太过丰富和深厚，非一般的概括能一锤定音。

在这里，我们似乎只能用"了不起的张謇"（套用美国文学名著《了不起的盖茨比》）来形容概括张謇的伟大、非凡而又无比丰富多彩的人生。

张謇确实是一个十分了不起的人。他是天才的读书人，是百科全书式的人物，是当时中国最大的民营资本集团的创办人，是创立了功在当代、利在千秋不朽伟业的中国现代化的先驱者。有人说张謇在清末民初与孙中山、康有为齐名，甚至还略胜一筹；有人说张謇是中华民国的立国者或助产士，是改写中国近代史的人；有人说张謇是"不可无一、难能有二的人间精英"；还有人说他是"民众的造福者，民间的基督"；等等，不一而足。

张謇"了不起"的地方实在是太多了，很难用一般的笔墨予以穷尽。"删繁就简三秋树，领异标新二月花。"① 我最看重的，或者说张謇最值得宣扬的，还是他作为一个名扬海内外的企业家，身上所表现出的与众不同的四个方面：一是"舍身喂虎"为强国；二是政坛进退皆有为；三是只手打造"第一城"；四是商海驰骋德为先。这是张謇"了不起"的最关键之处，也是本书要重点阐述的四个部分的内容。

---

① 郑燮：题书斋联《赠君谋父子》，《郑板桥全集》，凤凰出版社，2012年。

"舍身喂虎" 为强国

　　纵观张謇一生，最为突出而又可贵的，就是他伟大的爱国主义精神。由于特殊的个人禀赋，特殊的家庭背景，造就了他特殊的爱国情怀。由追求个人和家庭命运的改变，到追求国家和社会状况的改善；由立足爱国，到谋求救国，再到矢志强国。这就是张謇一生的心路历程和行为轨迹。

　　爱国之情自古有之；爱国之心人皆有之。但是，作为一个企业家，像张謇那样，一切行为处事均从爱国出发，并将浓烈的爱国情和炽热的爱国心化为对强国梦的不懈追求，乃至于到了痴迷的程度，实为举世罕见。也正因如此，才铸就了他辉煌的人生和不朽的事业。

　　张謇 1853 年 7 月 1 日（清朝咸丰三年）出生于南通地区的海门长乐镇（当时海门与相邻的通州在行政上同隶属于江宁布政使司，称之为海门直隶厅）。

　　长乐镇在张謇出生前几十年，才由长江北侧涨出的一块小沙洲渐次连片成陆，逐渐形成一个江边小镇。这里的居民大多是从江南迁徙而来的避难谋生的"客籍"移民。张謇的远祖在元代末年为躲避战乱，从江南常熟的土竹山举家迁到了江北的通州金沙场（后又迁至西亭）。直到清代咸丰年间，张謇的父亲张彭年才奉张謇的祖父张朝彦之命移居海门长乐，孝奉母家。

　　据说，张彭年是张家几代种田人中第一个略通文墨的人。他在继承丈人的家业后，既种田又兼做小买卖。他曾带着年幼的张睿，挑担卖糖补贴家用。因此，张謇的旧宅至今仍留置糖担，以示不忘其本。

流落异乡的移民，本就居无定所、多经磨难，再加上海门江岸涨塌风潮频频来袭，朝不保夕，使得他们很少有安土重迁和一劳永逸的保守心态。同时，又使得他们对新开辟的家园，产生浓浓的珍爱之情。在他们身上，往往具有许多时不我待的忧患意识和顽强拼搏奋力开拓的进取精神。这些独特而又可贵的移民性格对张謇家庭及他本人都产生了深刻的影响。这也对他日后在苦难深重的国度里满怀忧患和爱国之情，坚持不懈地走救国、强国的艰辛奋斗之路，奠定了人格基础。

张謇兄弟共有5人，他排行第四，最为聪颖，父母亲也对他最寄予厚望。4岁时他父亲就叫他念《千字文》，5岁时送他入邻居的学塾读书。到10岁时，张謇已读完《三字经》《百家姓》《神童诗》《千家诗》《孝经》《大学》《中庸》《论语》《孟子》《诗经》等蒙学基本典籍。11岁那年，张謇换了一位更有水平的老先生教他读书，学业更有进步，还学习做五七言诗、试帖诗。有一次，先生出上联："月沉水底"，张謇就立即对出下联"日悬天上"。

有一天，张謇的父亲和教私塾的宋先生在书房谈话，见一武官骑白马从门前经过，宋先生随口说出"人骑白马门前去"的7字上联，在旁的张謇随即对出下联"我踏金鳌海上来"。由此可看出年少时张謇的文学功底和才华，更显示了他不凡的志向和胸襟。张謇后来一心以天下为己任，以强国富民为终身追求，并能高中状元、独占鳌头，都与他少年时打下的学识基础和立下的不凡抱负分不开。

也还是在11岁那年，张謇在街上看到一个逃难的外乡人，一边讨饭一边大声念诵《滕王阁序》，他回家后便问父亲：这个人是不是拿"关山难越，谁悲失路之人；萍水相逢，尽是他乡之客"四句话来述说他的苦境？由此亦可见张謇对经典古文的理解，以及对人情世故的洞察。

除了移民精神的影响和年少时的聪明好学，张謇的家庭经历和早年磨难，也对他意志品行的形成起到了重要作用。

张謇祖上本是通州较为富裕的地主，后来家道中落，他的祖父在穷困潦倒之余入赘于海门长乐吴家。他的父亲兼祧吴氏，张謇也因此取名吴起元，直到五弟出生后，始复张姓。由于家庭地位低落，再加上家长管教甚严，张謇在上私塾时，就不得不随农工在棉田锄草，并帮家中建房当木瓦杂工。

有意思的是，张謇幼时当木瓦杂工的经历，既使他较早经受了磨炼，又使他养成了终身对建筑的兴趣爱好，积累了这方面的许多知识，以致对日后的建筑设计和城市建设均很有帮助。他晚年在《述训》中写道："后有兴作，凡木石砖瓦，一一度其修短厚薄之尺寸而豫计之，无有差忒。临时，必使謇兄弟杂作小工，而于石砌墙每层将合时，尤令注意于需砖之度，相其修短厚薄，检以畀工，曰：'工屡觅砖，或断砖不合，则耗时而费料'，亦以是练儿童之视力。至他人家，亦视其营造之合否而教之。以是謇兄弟于土木建作计划，稍稍有知识。"[1]

张謇在 15 岁时（1868 年）开始参加科举考试。不同寻常的科举之路，从一开始就历经磨难。按照本地惯例，考生上三代内没有取得过秀才以上功名的称为"冷籍"，须当地有资格和地位的人出面担保（具保人还须有人连环担保）才能报考。这需要到处说情求人，还要花费许多费用，可谓是劳民伤财。于是，张謇的私塾先生让他改名为张育才，以如皋有功名的张驹孙子的身份参加如皋县试，然后再参加通州州试。这就是所谓的"冒籍"。

在通过县试后，张謇两次州试成绩欠佳，名次均在百名之

---

① 张謇：《述训》，李明勋、尤世玮：《张謇全集》第 6 卷，上海辞书出版社，2012 年，第 287 页。

后。老师当众训斥他：如果有一千人应考，取九百九十九人，唯一不取的就是你！张謇极为羞惭，在住宅窗户和帐顶上并书"九百九十九"为志①。睡觉时他在枕头上绑着两块竹板夹住发辫，身子一动便被牵拉惊醒，即起身苦读。每夜读书必"尽油二盏②"，夏夜为防蚊虫叮咬，将双腿放在两个陶罐中，坚持读书习文。

皇天不负苦心人。经过夜以继日的勤学苦读，张謇终于在1868年的10月，以第26名的成绩通过院试，成为一名如皋籍的秀才。这对于世代无功名的家庭及刻苦攻读求功名的张謇来说，真是一件令人极为欣喜的大事。

然而，张謇及其家人刚获应考喜讯不久，便迎来了无休止的烦恼和磨难。如皋张家不断以"冒籍"相要挟，不断向张謇家勒索财物，且层层加码，在5年多时间里，张謇家负债达千两，几乎陷破产之地。他们还到官府反诬张謇作弊，使张謇吃尽"哑巴亏"，备受凌辱和惊扰。

他19岁那年，听闻当地官吏要拘押他，深夜脚穿破鞋、手持灯笼，冒着阴风冷雨，沿河踩着两三尺深的污泥道仓皇逃出如皋城。张謇后来曾写了一首题为《占籍被讼将之如皋》的诗，表达了当年的困苦境地和悲愤之情："丝麻经综更谁尤，大错从来铸六州。白日惊看魑魅走，灵氛不告蕙荪愁。高堂华发催明镜，暑路凋颜送客舟。惆怅随身三尺剑，男儿今日有恩仇。"③

1871年初冬，张謇父子被逼无奈，趁江苏学政巡视通州的机会呈函申诉。学政彭久余批交通州查办。通州知州孙云锦惜才、

---

① 张謇：《啬翁自订年谱》，李明勋、尤世玮：《张謇全集》第8卷，上海辞书出版社，2012年，第1016页。

② 张謇：《啬翁自订年谱》，李明勋、尤世玮：《张謇全集》第8卷，上海辞书出版社，2012年，第1016页。

③ 张謇：《占籍被讼将之如皋》，李明勋、尤世玮：《张謇全集》第8卷，上海辞书出版社，2012年，第1016页。

爱才，对张謇的学识和人品很认可，亲自出面调停。经多方斡旋，到1873年5月，终于由礼部批准张謇的学籍从如皋划归通州，家庭履历得以按本宗填写。历时五年的"冒籍"风波终告平息。但这段刻骨铭心的苦难造成的心灵创伤，久久难以平复。正如他在后来的家书中所说："十八岁后，受通如枪父之辱，故在青年未尝一日高兴。"①

张謇幼年的早入学和及早帮助家庭劳作，使他比一般的孩子早熟。青少年时期的刻苦读书应考，以及五年冒籍风波的磨难，使他在备受艰难困苦的折磨的同时，砥砺了品行学识，磨炼了意志品德，丰富了人生阅历。这也使他在发奋改变自身及家庭命运的同时，更多的关注社会的变迁和国家的前途。他在传统儒学中汲取的忠君爱国思想，也逐渐成为他立身处世的行为准则。

在平息冒籍风波的第二年，22岁的张謇便随赏识他、有恩于他的孙云锦去了江宁发审局担任书记。他有了第一份工作，开始了涉足政坛官场的游幕生涯。

发审局为清代后期设立的官署，是"副省级"的非正式审判机关。各州、县主官难以处理的重要诉讼案件，由总督巡抚委派，候补官审讯复核。

孙云锦是安徽桐城人，早年以诸生入曾国荃幕府，历任通州知州、江宁知府、淮安知府、开封知府、二品顶戴三品衔江苏补用道。他在任江宁发审局主事期间，曾参与审理了清代四大奇案之一——刺马案。

孙云锦对张謇较为关照和器重。张謇在发审局工作不到一年，就积攒了100两奉银回乡交由父母。父亲欣喜异常，十分感慨地说道："通海乡里，老师宿儒，授徒巨室，终岁所得，不过

---

① 张謇：《家书》，曹从坡、杨桐：《张謇全集》，江苏古籍出版社，1994年，第658页。

如此，汝何能一出门即得之"①。

在江宁发审局期间，张謇一面帮助孙云锦处理疑难案件，一面通过这个平台对江苏各地的社情民意包括百姓的生活和疾苦，有了更多的了解，同时也萌发了改造社会、变革政治的理想和抱负。他随孙云锦去淮安查勘渔滨河积案时，看到淮安百姓比南通百姓还要贫苦，十分忧愤。他一连写下了10余首反映现实生活的诗作，其中有一首写道："朝朝复暮暮，风炎日蒸土。谁云江南好，但觉农妇苦，头蓬胫赪足籍苴，少者露臂长者乳。乱后田荒莽且芜，瘠人腴田田有主。"② 这首诗就像一幅活生生的江淮农村贫困农妇耕种图。蓬头垢面、衣不遮体的可怜农妇，在荒芜的田地上劳作，实在是惨不忍睹。更令人愤慨和深思的是，即便如此，贫弱农妇耕种的也不是自家的田地，"瘠人腴田田有主"。这就深层次地揭示了土地制度和社会不公问题。

张謇目睹了种种不合理的社会状况后，决心以积极投身政治活动的儒学大师王安石、王船山为榜样，践行经世致用之学，变革政治，改良社会，为强国富民建功立业。他在诗中写道："苍生安石与同忧"③ "船山不是一经儒"④。他还在咏史诗中，赞叹南宋名将刘光世、韩世忠经略江淮的功业，希望像他们那样创建中兴大业："建炎时事重江淮，故垒萧萧说将才；欲问中兴宣抚使，愁云无际海潮来。"⑤

强烈的忧国忧民的忧患意识，是贯穿于中国传统文化的一种基本精神，也是催生高尚的爱国主义情怀的基本动因。这之间，

---

① 张謇：《述训》，李明勋、尤世玮：《张謇全集》第 6 卷，上海辞书出版社，2012 年，第 288 页。

② 张謇：《农妇叹》，李明勋、尤世玮：《张謇全集》第 7 卷，上海辞书出版社，2012 年，第 15 页。

③ 张謇：《酬泰兴朱曼君》，李明勋、尤世玮：《张謇全集》第 7 卷，上海辞书出版社，2012 年，第 36—37 页。

④ 同上

⑤ 张謇：《酬泰兴朱曼君》，李明勋、尤世玮：《张謇全集》第 7 卷，上海辞书出版社，2012 年，第 37 页。

蕴含着深厚的时代使命感和家国责任感，激发了要在改变个人和家庭的忧患状况的同时，为彻底消除国家和人民的忧患而努力奋斗的赤诚意愿。张謇就是一位怀有深深的忧患意识的非凡爱国主义者。尤为可贵的是，张謇在中西文化的碰撞中，他所秉承的传统士大夫的基本精神潜质，得到了创造性的发展和飞跃性的提升，从而成为一位具有现代意义的爱国主义者。

机缘巧合，到江宁法审局不久，张謇就由孙云锦介绍而结识了庆军统领吴长庆，并被吴聘为高级幕僚，从此进一步开阔了政治视野，增长了参政治事的能力，也进一步确立了强国富民的政治抱负。张謇把吴长庆视为清王朝中兴的希望所在，期望他能像曾国藩那样"高勋照图册"①，自己也可以追随他在忠君爱国的道路上建功立业，"朝鱼而暮龙，功名蜕侯伯。"②

吴长庆是安徽庐江县人，农民起义军捻军兴起时，他与父亲在家乡办团练以抗捻军。后来，其父因率领团练与攻城的捻军作战而阵亡。吴长庆则继续办团练与捻军作战，因为军功升至总兵，记名提督。庆军虽由湘军的曾国藩统辖调度，但又受淮军的李鸿章节制。实际上自成体系，相对独立，且有较强的实力和影响。

1882 年夏，朝鲜发生了史称"壬午兵变"的动乱事件。日本以保护侨民和使馆为由，出兵进犯朝鲜。两广总督（署理直隶总督）张树声与驻守在山东登州的吴长庆紧急商议，决定派庆军六营东渡平乱。由于决策果断，运筹得力，朝鲜乱事很快得到平息。作为"理画前敌军事"③的张謇，自始至终参与了平乱的策划和处理，显示出了处变不惊、满腹韬略的政治家良好素质和不

---

① 张謇：《酬泰兴朱曼君》，李明勋、尤世玮：《张謇全集》第 7 卷，上海辞书出版社，2012 年，第 37 页。
② 同上
③ 张謇：《啬翁自订年谱》，李明勋、尤世玮：《张謇全集》第 8 卷，上海辞书出版社，2012 年，第 1016 页。

凡才能。

张謇在朝鲜期间所写的《壬午东征事略》《乘时规复流虬策》《朝鲜善后六策》等策论，既展露了他在军事外交方面的才干，又表现出深深的民族忧患意识和强烈的爱国情怀及强国梦想。他提出了要争取外交主动，必须通过政治改革使国家自强自立（固内以御外）的观点。他在《朝鲜善后六策》中提出的六项对策：通人心以固国脉、破资格以用人才、严澄叙以谋吏治、谋生聚以足财用、改行阵以练兵卒、谨防幸以固边陲，无论是对朝鲜的安定繁盛，还是对中国的治国理政，都极具深远意义。他甚至主张，一旦时机成熟，可合并朝鲜，以绝后患。

1884 年（光绪十年）春，清廷发生了"甲申易枢"，慈禧改组并控制了军机处，李鸿章权位突出。李鸿章对不贯彻他的对朝"牵掣政策"的张树声、吴长庆颇为不满，借故将吴长庆从朝鲜调回并削弱其兵权。同时，也多方打压张树声。不久，抑郁成病的吴长庆溘然去世，张树声也忧郁而死。

此时的张謇感到无所依托，无法施展自己的政治才能，便决定走学而优则仕的道路，回乡备试，以图日后做更多更大的事。当时两广总督张之洞、北洋大臣李鸿章都想聘用他，但都被他婉言谢绝。这就是广为流传的"南不拜张，北不投李"之说。

1884 年 9 月，张謇终于回到了阔别十年的故乡长乐镇。他虽以读书备考为首务，但还是十分关注国家大事，时刻为危机四伏的内政外交所担忧。当年发生的中法战争、"朝鲜甲申政变"、南北海疆风波，均被张謇细心研究。与此同时，秉持"爱国必自乡里始"[1] 的理念，张謇在家乡兴蚕桑、办慈善、助文教、建自卫武装"滨海渔团"，初步展露了他强国兴邦、地方自治的奋斗

---

① 张謇：《垦牧乡志》，李明勋、尤世玮：《张謇全集》第 6 卷，上海辞书出版社，2012年，第 581 页。

方向。

1894年，在家乡苦读10年，历经4次会试败北，张謇终于在当年的"恩科会试"中金榜题名，高中状元。但此时的张謇并没有因大魁天下而欣喜若狂，反而为甲午年的风云变幻，国家内忧外患频频而焦虑不止。而且，登上学而优则仕的最高平台后，更激发了他的使命担当和爱国热情。对张謇来说，高中状元，并不是功成名就的终点，而是全力追逐强国梦的新起点。

此时，中日战事已露端倪，围绕主战主和，以光绪皇帝为代表的"帝党"积极主战，与以慈禧太后为代表的力保和局的"后党"发生了激烈的争执。本着强烈的反抗外侮，维护国家主权的爱国情感，以及建立在赴朝治事经验的基础上的对朝日国情的认知，张謇坚定地站在了主战的"帝党"一边。他不断为主战的恩师翁同龢建言献策，并单独上疏，痛斥李鸿章不仅"主和误国"[1]，而且"以庸劣败和局"[2]。作为新科状元、翰林修撰，张謇的举动，令人震惊和钦佩，一时名动朝野。

1894年下半年爆发的中日甲午战争，以及中国的战败，是张謇人生道路的分水岭，也是他爱国思想集中迸发并形成终生不渝的强国梦的里程碑。

在甲午战争之前，中国曾在两次鸦片战争中被打败，被迫签订了许多不平等条约。面对三千年未有之变局及丧权辱国的惨境，一向唯我独尊的老大帝国，深受刺激，深感耻辱，并在激愤之余，试图以洋务运动等举措变革图强，重振国运。

但是，甲午战败所带来的刺痛和影响，要大大超过两次鸦片战争，朝野上下所受到的刺激及其反应也比以往强烈得多。

---

① 张謇：《呈翰林院掌院代奏劾大学士李鸿章疏》，李明勋、尤世玮：《张謇全集》第1卷，上海辞书出版社，2012年，第12页。
② 张謇：《呈翰林院掌院代奏劾大学士李鸿章疏》，李明勋、尤世玮：《张謇全集》第1卷，上海辞书出版社，2012年，第12页。

首先，以往是被以世界头号强国英国为代表的西方列强所打败，这次是被不屑一顾的弹丸小国日本所打败，由此带来的耻辱和惊悚，不言而喻。其次，相比较而言，以往战败所付赔款有限，而这次却要赔出两万万两巨款，并割让大量国土（包括立时兑现的台湾，及后因种种原因未完全兑现的辽东半岛）。另外，以往战败的后果，只是在直接相关的部分地区（主要是交战地区和被打开的国门——沿海地区）以及上层社会中，感受较深，一般民众并无切肤之痛。但这一次战败，却令全国上下普遍感到遭受到了灭顶之灾和奇耻大辱，人人感到了亡国亡种的危险。特别是社会精英中的爱国的志士仁人，已寝食不安，殚精竭虑，誓死要救亡图存，重整山河。

正是在这样的背景下，素有爱国情怀的新科状元张謇，毅然决然地走上了因爱国、救国而不顾一切去强国的艰辛奋斗之路。

1894 年 9 月，张謇因父去世回乡守制。第二年，守制在家的他得知令国人难以接受的《马关条约》被迫签订，十分愤懑。他在日记中摘录了条约的主要内容，愤然痛叹："几罄中国之膏血，国体之得失无论矣"①。他还在随后为湖广总督张之洞撰写的《代鄂督条陈立国自强疏》中，痛心疾首地陈述了《马关条约》对中国造成的严重危害。他认为，割地赔款以外，允准日人于内地开机器厂，制造土货，设立所栈，"如鸩酒止渴，毒在脏腑。"② 为了救亡图存，他系统地提出了九项兴国主张（包括练陆军、治海军、造铁路、分设枪炮厂、广开学堂、建讲商务、讲求工政、多派游历人员、预备巡幸）。

在当时的张謇看来，面对强敌入侵、虎狼环伺的垂危局势，

---

① 张謇：《柳西草堂日记》，李明勋、尤世玮：《张謇全集》第 8 卷，上海辞书出版社，2012 年，第 389 页。

② 张謇：《代鄂督条陈立国自强疏》，李明勋、尤世玮：《张謇全集》第 1 卷，上海辞书出版社，2012 年，第 15—25 页。

爱国首在救国，而救国的当务之急则在强国。但如何强国呢？他认为应想方设法富国，办好以工业为主体的实业。"国非富不强"①，"富非实业不张"②，最终应落脚到"强国富民之本实在于工"③。要办好以工业为主体的实业，则须奉行"棉铁主义"，形成棉纺和钢铁业为基础的现代国民经济体系。

那么，谁来兴办实业呢？遍察当时中国的各色人等，张謇将目光聚焦于文化知识水准较高，且又有儒家爱国报国传统的士大夫。他直截了当地指出，"中国须振兴实业，其责任须在士大夫"④。

然而，传道容易，作圣徒难。作为当时士大夫的最高代表——状元，是否能以身作则，带头去兴办实业呢？这对张謇来说，却是一个颇费踌躇的艰难抉择。因为，办实业固然是振兴国家所必须，但对于个人来说，无异于自弃美好仕途和已有的尊贵社会地位，铤而走险，自讨苦吃。

张謇本可以"天子第一门生"的身份，凭借亿万莘莘学子梦寐以求的"学而优则仕"的最高平台，博取一生的荣华富贵，甚至冲顶"状元宰相"。但是，现在却要与"四民之末"的商人为伍，冒着巨大的风险和难言的艰辛，周旋于官场、商界等"平生不伍之人"之中，奔波于险象环生的风口浪尖，无异于"舍身喂虎"⑤。

在传统的古代社会中，有四个社会阶层，即"四民——士、农、工、商"。"士"为四民之首，"商"为四民之末。"士"是担

---

① 张謇：《劝通州商业合营储蓄兼普通商业银行说帖》，李明勋、尤世玮：《张謇全集》第4卷，上海辞书出版社，2012年，第67页。
② 同上
③ 张謇：《代鄂督条陈立国自强疏》，李明勋、尤世玮：《张謇全集》第1卷，上海辞书出版社，2012年，第15—25页。
④ 张謇：《东游日记》，李明勋、尤世玮：《张謇全集》第8卷，上海辞书出版社，2012年，第566页。
⑤ 张謇：《大生纱厂股东会宣言书》，李明勋、尤世玮：《张謇全集》第4卷，上海辞书出版社，2012年，第550页。

负治理国家、引导社会责任的知识分子，社会地位高，身份、声誉好，因而高居首位。"商"是重农抑商政策下受抑制的行业，又是受贬损的舍义求利的边缘群体，因而位列"四民之末"。张謇自弃"之首"（而且是"之首"的"之首"——状元地位），投入"之末"行列确实是匪夷所思。

但是，张謇毕竟是张謇。他是具有强烈的爱国心和执着的强国梦的不凡之人，可以超越一般常人的平庸之念，最终选择以身许国、"舍身喂虎"的实业报国之路。这颇像民族英雄林则徐所言：苟利国家生死以，岂因祸福趋避之。

另外，复杂艰险的政争内斗也促使他暂避官场，张之洞让他任通州招商总理，并鼓励他直接经商办厂，也是他弃仕途而下商海的重要契机。

在甲午战争爆发前后，张謇是站在帝党一边的主战派。由于他随庆军赴朝，有着与日本侵略者直接抗衡的政治经验，再加上十多年来，一直以日本为敌手研究军事和外交政策，当时秉政的恩师翁同龢十分注重他的意见，他实际上成了主战派的关键谋划者。依附李鸿章淮系的文人也说道："时常熟（翁同龢）秉政，误入殿撰（张謇）之言，亦谓日本不足平，迎合上意，极力主战"[1]。

帝党的主要打击目标是李鸿章。战争爆发前夕，张謇一再建议严惩李鸿章。黄海之战北洋水师大败，朝野舆情汹汹，李鸿章成了罪魁祸首。为了缓和民愤和推出替罪羊，朝廷不得不给予李鸿章以"拔去三眼花翎，褫去黄马褂"的处分。随后，张謇则在《呈翰林院掌院代奏劾大学士李鸿章疏》（《推原祸始防患未来请去北洋折》）中，再次猛烈抨击李鸿章。他从"先事、临事、事

---

① 张绪武：《缅怀晚清政治家翁同龢——兼论翁张师生情谊》，在"纪念翁同龢逝世100周年大会上的发言"，2004年。

外、事中"^① 四个方面，指责李鸿章不仅一贯主和卖国，而且一贯以拙劣策略败坏和局。他还借机指控李鸿章在十年以前排挤打压吴长庆，使吴长庆"遂因与李鸿章积忤之故，愤恚致死"^②。

后来，面对无可奈何的败局，主和派逐渐占了上风，慈禧准备"忍辱求和"。甲午年九月十三日晚，张謇连夜拜访翁同龢，"危言耸论，声泪交下"^③。但就在外交内斗十分危急的紧要关头，张謇突然接到生父病亡的消息，只得匆匆离开政争纷纭的京城，循例离职回籍守制。

在家乡南通守制期间，张謇经过对中状元后卷入上层政治的跌宕经历的回顾和思考，不仅感到宦海险恶，更觉得辅助朝廷、治国平天下的愿望根本无从实现。他开始考虑如何以另外的方式，报国救国。

恰在这时（1895年2月），新任两江总督兼署江宁将军张之洞，奏请任命张謇总办通海团练，以防日本等国从长江入海口入侵内地。张謇深感从军事上报效国家的使命重大，便全力以赴地开始筹办新式团练。他认真周密地起草了《海防团防营制》，拟定了一系列切实可行的具体举措。他不像过去办团练那样摊派筹款扰民，而是带头将自己24箱图书"付典籍抵值银千元"^④补贴团练费用。后来因《马关条约》签订，中日战争宣告结束，再加上慈禧不愿地方武装像太平天国起义时期那样逐步坐大，通海团练收到撤防公牒，随即解散。

身在江湖心忧天下。既不能在全国性的政治舞台上有所作

---

① 张謇：《呈翰林院掌院代奏劾大学士李鸿章疏》，李明勋、尤世玮：《张謇全集》第1卷，上海辞书出版社，2012年，第12页。
② 张謇：《呈翰林院掌院代奏劾大学士李鸿章疏》，李明勋、尤世玮：《张謇全集》第1卷，上海辞书出版社，2012年，第13页。
③ 张謇：《柳西草堂日记》，李明勋、尤世玮：《张謇全集》第8卷，上海辞书出版社，2012年，第550页。
④ 张謇：《啬翁自订年谱》，李明勋、尤世玮：《张謇全集》第8卷，上海辞书出版社，2012年，第1009页。

为，又不能在家乡练兵保家卫国，怀揣报国之志、强国之梦的赋闲状元张謇只得苦苦另觅他途。

就在张謇于彷徨苦闷之中苦苦寻求救国路时，又是这位张之洞，看中并助推张謇最终走上了实业报国的道路。

所谓"实业"，是 19 世纪末，中国的有识之士对具有现代意义的农工商及相关的"先利之业"的一种概括性说法，反映了当时人们对容纳西方工业文明的新认识。最早使用"实业"一词的是著名的革新人士郑观应。他在 1893 年致金眘仁书中说："查工艺一道向为士大夫鄙为末技，谓之与国家无足轻重。不知富强之首在振兴实业……"① 在这里传统的工艺被演化为具有现代意义的工业生产，可看作"实业"的最初始也是最核心的含义。

1895 年，张謇为张之洞起草的《条陈立国自强疏》，特别强调实业的重要性，首次提出"富国强民之本实在于工"②。后来，他又把现代工业、农业、商业联系起来考察，得出"实业在农工商，在大农大工大商"③。在这里，"大"即代表现代化的既大又新的生产方式，及其在这种生产方式统领下的现代农工商产业结构。

1895 年底，总理衙门奏请谕令各省设立商务局，为了兴办实业，以"维护华商，渐收权力"。总的原则是："官为设局，一切仍听商办，以联其情。"具体办法是："由各省公举殷实稳练素有声望之绅商，派充局董。""再由各府州县，于水陆通衢，设立通商公所，各举分董，以联指臂。"这与张謇为张之洞代拟的《条陈立国自强疏》的有关建议颇为相近。

1896 年初，署任两江总督兼南洋大臣张之洞，奏派张謇和苏

① 郑观应：《盛世危言后编》，华夏出版社，2002 年。
② 张謇：《代鄂督条陈立国自强疏》，李明勋、尤世玮：《张謇全集》第 1 卷，上海辞书出版社，2012 年，第 15—25 页。
③ 同上

州籍同治状元陆润庠，镇江籍前礼部掌印给事中丁立瀛，分别在通州、苏州、镇江设立商务局。

张之洞早在 1888 年（任两广总督期间）就筹划在广东创设织布纺纱官局，并计划使用通州的棉花原料。1889 年调任湖广总督后，他改在武昌陆续设立湖北织布、纺纱等官局。后来，他又打算在上海附近设厂（南沙局），从国外订购了许多纺织机器。但由于各种原因，"南厂"没有办起来，所购机器搁置在上海杨树浦码头，任凭日晒雨淋，日渐破损。这时，他希望张謇在通州办厂，并把这些机器利用起来。

张謇与张之洞意气相投，在实业强国等思想理念方面很一致。按理说，张謇应该立即答应张之洞的奏请。但毕竟是关系到自己一生前途命运的重大抉择，张謇不得不反复思虑。他后来谈到当时的内心思虑时说道："余自审寒士，初未敢应。既念书生为世轻久矣，病在空言，在负气，故世轻书生，书生亦轻世。今求国之强，当先教育，先养成能办适当教育之人才，而秉政者既暗蔽不足与谋，拥资者又乖隔不能不合。然固不能与政府隔，不能不与拥资者谋，纳均自庸，责在我辈，屈己下人之谓何？踌躇累日，应焉。"①

张謇的这段自白，颇耐人寻味。他不仅袒露了自己当年决定经商办厂的思想斗争过程，而且反映了他对世事国情的洞察及生平思维和行为惯性。

张謇先是自谦，认为自己是一介贫寒之士，没有能量承担招商办厂之重任。后又感到书生应办点实事，取得些实绩，以改变世人眼中清高自负、仅尚空谈的形象。而今要办强国之实事，首先要办教育培养人才。但政府官员不能坦荡为公，不足与谋；有

① 张謇：《啬翁自订年谱》，李明勋、尤世玮：《张謇全集》第 8 卷，上海辞书出版社，2012 年，第 1011 页。

钱人又阴阳怪气，难以合作。既然如此，只得自己担起责任，自讨苦吃，甘受委屈，以报国民。

张謇这番话的核心要义有四：一是表明自己最终决心经商办厂，既是为了践行自己的强国梦，也是为了为读书人争口气，树立一个好的形象。二是办实业、搞教育这类事理应由官员富人承担，自己本可以不参与其中，但官员与富人都无法指望，只得自己亲力亲为了。三是明知官员与富人不足依靠，但又不得不看重他们手中所握有的政治和经济资源，委曲求全地与之应对周旋，明知山有虎，偏向虎山行。四是虽欲经商办厂，但自己毕竟是儒林魁首——状元，与一般商人不同，还是要保持儒生的本色，以儒家的理念经商（即后来他自己所说的"言商仍向儒"①）。

关于这一点，张謇还有类似的回忆："年三四十以后，即愤中国之不振。四十后，中东事已，以益愤而叹国人之无常识也，由教育之不革新，政府谋新矣而不当，欲自为之而无力。反复推究，当自兴实业始，然兴实业则必与富人为缘，而适违素守。又反复推究，乃确定捐弃所持，舍身喂虎，认定吾为中国大计而贬，不为个人私利而贬，庶愿可达而守不丧。自计既决，逐无反顾"②。

张謇的这些想法，与后来他搞地方自治的思路一脉相承："今人民痛苦极矣。求援于政府，政府顽固如此，求援于社会，社会腐败如彼。然则直接解救人民之痛苦，舍自治岂有他哉！"③在张謇看来，为了强国富民，无论是办实业，还是搞自治，不能依赖政府和社会，只能靠包括自己在内的"人民"努力而为

① 张謇：《寿钱翁七十》，李明勋、尤世玮：《张謇全集》第 8 卷，上海辞书出版社，2012 年，第 820 页。
② 张謇：《大生纱厂股东会宣言书》，李明勋、尤世玮：《张謇全集》第 4 卷，上海辞书出版社，2012 年，第 550 页。
③ 张謇：《江社开幕宣言》，李明勋、尤世玮：《张謇全集》，第 4 卷，上海辞书出版社，2012 年，第 461 页。

之了。

从这里，可看出张謇爱国主义思想的基本脉络：爱国先要救国，救国必当强国，强国重在富国，富国依靠实业，实业责任在士大夫，自己作为士大夫的代表应带头办实业。联系张謇一生的所作所为，从张謇对自己决心下海经商的思想表白中，还可以看出他的一生思想轨迹和行为模式：一、舍己为公，以身许国，"为中国大计而贬"[1]；二、经世致用，务实求真，改变知识分子"病在空言，在负气"[2] 的状况；三、为了事业，与官员富人巧妙周旋，同流而不合污，圆通相处；四、"不忘初心"，始终保持儒生本质和理想追求，"质本洁来还洁去"[3]。

定下走实业强国的道路后，具体如何起步呢？一贯务实持重的张謇，经过审时度势，权衡利弊，决定从家乡南通创办沙厂着手。这样做的主要好处和原因是：

一、符合他的"棉铁主义"经济思想。张謇认为，"农工商至大者曰棉铁"，他希望通过棉铁两业的振兴，建立起富有独立性和竞争力的民族工业体系。因此，他明确提出："最为吾所主张者，为棉铁两项，以其于近世界中为必不可少之物也。现时吾人所用之棉铁，皆来自外洋，今后正宜努力使二者皆可由本国供给。"[4] 在他看来，"策中国者，首曰救贫；救贫之方，首在塞漏"[5]。而棉纺织业和钢铁工业既是带动其他实业发展的基础，又可以与外商争夺国内市场和资源，"堵塞漏厄"，关系国计民生全

① 张謇：《大生纱厂股东会宣言书》，李明勋、尤世玮：《张謇全集》第4卷，上海辞书出版社，2012年，第550页。
② 张謇：《啬翁自订年谱》，李明勋、尤世玮：《张謇全集》第8卷，上海辞书出版社，2012年，第1011页。
③ 曹雪芹：《葬花吟》，《红楼梦》，人民文学出版社，2000年。
④ 张謇：《与记者谈实业导淮等问题》，李明勋、尤世玮：《张謇全集》第4卷，上海辞书出版社，2012年，第550页。
⑤ 张謇：《大生纱厂章程书后》，李明勋、尤世玮：《张謇全集》第6卷，上海辞书出版社，2012，第279页。

局。用他的话说，就是"棉铁两业可以操经济界之全权"①。当时，棉织品是中国最主要的日常消费品和进口商品，因此是国家"一至大之漏厄"②。"通州之设纱厂，为通州民生计，亦即为中国利源计"③。而且，在棉铁两业中，作为轻工业的代表的棉纺业，既是以钢铁业为代表的重工业的基础，又可以借"种棉"与"纺织"的联结，把"农""工""商"衔接起来，从而实现"大农、大工、大商"之现代实业蓝图。因此，张謇主张在棉铁两业中，"棉尤宜先"④。

二、通州的棉花原料量多质高，农村种棉织纱久有传统。通海地区为冲积平原，气候、土壤、温度、雨量均适宜于种植棉花，"通产之棉，力韧丝长，冠绝亚洲"⑤。该地植棉已有 300 多年历史，张謇称之为"有名产棉最旺之区"⑥。进入近代的南通，植棉品类达 200 余种，年产皮棉 180 余万担。由当地农家利用自产棉花自行纺织的"通州大布"，平挺厚重，保暖耐磨，广受欢迎。随着市场需求及销售量的增大，当地专营收购运销业务的布庄也纷纷兴起。有的立足本土，有的面向东南，有的远销东北，有的专营南京。张謇与这些花布商人早年就有交往（包括在 10 多年前就帮他们向政府要求减免厘捐），因而颇得地利人和之便。

三、南通滨江临海，紧靠上海，产销便利。上海当时已是中国的商贸和金融中心，执中国经济之牛耳。创办新型纺纱厂所需要的资金、技术、设备、人才、信息等生产要素最为充沛，而且

----

① 张謇：《承办通州纱厂节略》，李明勋、尤世玮：《张謇全集》第 4 卷，上海辞书出版社，2012 年，第 27 页。

② 同上

③ 张謇：《大生纱厂厂约》，李明勋、尤世玮：《张謇全集》第 4 卷，上海辞书出版社，2012 年，第 27 页。

④ 张謇：《承办通州纱厂节略》，李明勋、尤世玮：《张謇全集》第 4 卷，上海辞书出版社，2012 年，第 27 页。

⑤ 张謇：《大生纱厂厂约》，李明勋、尤世玮：《张謇全集》第 4 卷，上海辞书出版社，2012 年，第 27 页。

⑥ 同上

水陆交通发达，市场广阔，买得进，卖得出。南通的棉纺产品利用上海这个大平台，参与国内外市场竞争，显然比一般地方更具竞争优势。

四、沪通两地民间资本较为充裕，可资运用。中国在资本主义工商业刚起步阶段，最缺的就是资金积累。在广袤而又落后的乡村搞实业、办工厂，当务之急就是筹足急需的钱款。当时，中国最有钱的工商业者可以说都集中在上海，而通州一带由于以花布商为主体的商人群体的崛起，民间资本亦比一般地区要充裕。张謇自己虽乃"一介穷儒，空弩蹶张，于何取济?"①却可以以"招商局总理"和社会名流的身份，面向通沪两地商人广为招商。在沙厂筹备创办初期，他只是象征性地入股 2000 两，连"董事"的资格也没有。当时，主要的入股人是由所谓的"通沪六董"组成的。其中，通州花布商三人，上海绅商一人，洋行买办两人。

五、以张之洞为代表的地方官员的支持。张之洞是河北南皮人，同治二年（1863 年）考中一甲三名进士（探花），曾任山西巡抚、两广总督、湖广总督，1895 年（张謇回乡守制之前）调任两江总督。他办洋务、兴实业，是洋务派的头面人物，亦是较为开明能干的封疆大吏。他早在 10 年前（1884 年），就对庆军高参、江南名士张謇较为器重，曾想将其礼聘入幕。任两江总督后，张之洞就奏派张謇主办通海团练，将当地沿海防务重任托付张謇。张謇对张之洞的洋务业绩和治国理政的理念也十分认同。10 年前，他虽未直接入幕，却为时任湖广总督的张之洞代拟了《条陈立国自强疏》等重要文稿。张之洞任两江总督后，先是让他办海防团练，后又委派他为通州招商局"总理"。当张謇为是否直接经商办厂而踌躇彷徨时，张之洞给予了充分鼓励，并同意

---

① 张謇：《啬翁自订年谱》，李明勋、尤世玮：《张謇全集》第 8 卷，上海辞书出版社，2012 年，第 1011 页。

将搁置在上海的官方纺纱机器折价入股。张謇在张之洞及后任两江总督刘坤一的器重支持下，巧妙与地方官员及绅商相周旋，赢得了一般人所不具备的经商办厂条件。

思虑周全后，主意一旦拿定，张謇便义无反顾地走上了艰难曲折的办厂创业之路。

在南通办纱厂，尽管有以上所说的几种有利条件，但也有许多不利因素。当时南通偏居江北一隅，仍属封建社会的传统状态。城内没有一家具有西方机械设备的近代企业，没有一所开设数理化、英语课程的新式学校，没有一座近代码头设施和近代公路，也没有稍具近代文明思想的地方官和富裕户。这就意味着，当地基本上无法为张謇提供创办现代工业的模板，提供新型人才和新思想、新知识、新技术，也无法提供地方政府的大力支持及充足的资金来源，水上陆上的交通条件，也无法满足办厂之需，张謇几乎是在荒漠中独自跋涉。

在创业初期，张謇所遇到的最大困难，或者说，最有可能使他陷入"舍身喂虎"绝境的，还是筹集资金方面的问题。有钱可以买到办厂所需要的各类东西，无钱则一筹莫展。

办现代大工业，必须有大资金。张謇开始的设想是，纱厂投资金额应为100万两白银（后来缩减为50万两），这是一笔惊人的巨款。张謇个人连款项的零头也拿不出。他只得想方设法邀了南通和上海两地的六个有钱人（"通沪六董"）集资入股。其中，南通的沈敬夫领通股，上海的潘华茂领沪股，分别在通、沪两地筹集资金，张謇则负责总协调。

当时，南通风气未开，闭塞落后，对办现代工厂之事，要么是浑然不知，要么是嗤之以鼻。张謇率沈敬夫等人整日奔走，四处恳求，但遭遇狼狈。有人提出工厂是何物等让人哭笑不得的问题，有人则报以白眼，讥讽奚落一番，使张謇等人蒙羞而归。

那时的上海，已在全国率先开始了近代化进程，新型绅商也不少。但上海人根本看不起江北的南通小城，他们听说南通人要筹资办厂，要么是笑而不答，要么是掩耳而走。

民间集资凑不足数，张謇便转向官府求援。他先打着张之洞让他"总理通海一带商务"的旗号，通过张之洞将自己起草的《筹办通海纱织厂案稿》呈送北京总理衙门备案，最终，还呈送给了光绪皇帝。光绪皇帝朱批道："知道了，钦此。"于是，张謇便拿出"尚方宝剑"，一面要官方出资百分之五十股本"官本居半"，一面要官府放弃对纱厂的人、财、物管理权，同意"听商自便"。

1895年冬，张謇将费尽周折"招商"招来的本地和上海的六个商人，召集起来协商认股创办沙厂。厂址选在通州城北唐家闸水陆近便之处。取厂名"大生"，寓意是"通商惠工，江海之大；长财饰力，土地所生"。张謇希望大生纱厂有大江大海般的气度和成就，立足本土，纵横商海，造福国民（后来，张謇为大生纱厂的题联"秋毫太行，因所大而大；乐土兴事，厚其生谓生"，亦表达了相同的意思）。

纱厂初创时，虽有官命、官督，与官府的关系千丝万缕，但深谙官商之道并深知企业官办之弊的张謇和股东，执意完全商办。开始的计划是，仿照通行的股份制，招股60万两，以100两为一股，共计6000股。在上海招集40万两，在通海招集20万两。如通海招不足，"仍由上海集补足数"①。后来工厂开始基建，花钱2万余两，上海方面的两位"沪董"却提出沪、通要同等投钱，并交由沪方管理。第二年7月，一名"沪董"，一名"通董"，知难而退，辞去董事职务。张謇只得另行商请通州本地两位商人（一为木材商，一为典当商）入股递补。

---

① 张謇：《承办通州纱厂节略》，李明勋、尤世玮：《张謇全集》第4卷，上海辞书出版社，2012年，第27页。

这样，主要出资人就由"沪董"转为"通董"。但南通商人毕竟财力有限，再加上"通州本地风气未开，见闻固陋，入股者仅畸零少数"。在万不得已的情况下，张謇只得又转向官方求助。

此时，接替张之洞任两江总督的刘坤一，急于将已堆放积压三年之久的 4 万多锭旧损纺机脱手，便送了一个顺水人情给张謇，把"官机"贱卖折价，作为 50 万两股金入股大生纱厂。于是，官股、商股各占百分之五十，原先的官招商办改为官商合办。

但是，即便如此，办厂急需的商股资金仍迟迟不能落实。1897 年 3 月，张謇去武昌，一面考察学习武昌的新政成果，一面向张之洞求助讨教。张之洞帮张謇想了一个好办法，并商请刘坤一同意，将折价 50 万两的"官机"对半平分，由张謇和盛宣怀各领 25 万两，形成"绅领商办"的格局。这样，就可以减少筹集商股 25 万两，并有希望得到盛宣怀"许助筹新股活本"。更为有利的是，官方对张謇这位身份特殊、名气很大的士绅相当信任，虽然官股分占一半，但只受"官利"，不要任何经营管理职权，任凭张謇等人"绅领商办"。这是"商股"求之不得的好事，打消了大家对官府的畏惧戒备之心，认股出资的积极性大为提高。

然而，尽管如此，民间集资办厂之路仍很艰难，"通沪六董"中的两名沪董，出于自身利害的权衡，最终还是退出了。工厂建设大兴土木，正是大量用钱之际，张謇手中的 6 万多两现金很快就花光。上海商务局道台桂嵩庄和盛宣怀原先应诺的款项，根本没有着落，张謇几乎身无分文，只得靠卖字筹措去上海的旅费。他与同事"每夕相与徘徊于大马路泥城桥畔，仰天伏地，一筹莫展"①。

原先张謇与盛宣怀签订的《通沪纱厂合办约款》规定，南通

---

① 张謇：《啬翁自订年谱》，李明勋、尤世玮：《张謇全集》第 8 卷，上海辞书出版社，2012 年，第 1011 页。

若弄新股，则由张、盛共同负责。但等到真正需要筹新股维持工厂建设之需时，盛却无动于衷，分文未筹。张謇急得像"热锅里的蚂蚁"，"心口相商，笔舌俱瘁"[①]"告急之书字字有泪"[②]。

张謇在危急之时，连连向刘坤一等督抚大员致函求援，希望将存典生息的地方公款拨存大生。刘坤一让通州知州汪树棠想办法。汪表面答应，却一面派遣"签役四出"[③]，搞强行摊派募捐，弄得民怨四起；一面宣称要将士人乡试会试基金一万两提存大生，激起众多秀才、举人闹事，甚至要揪住张謇去孔庙明伦堂"论理"。张謇钱没有筹到，却落得一身骂名。

同时，当地的土布商也担心纱厂建成后会侵犯他们的利益，企图纠众烧毁厂房。幸亏刘坤一派人调解，派兵护厂，方化解险情。他形容当时困境就如"跻危涉险之人，攀虎豹而出居虬龙，稍一错止，瞬晴皆有齑粉之势"[④]。面对乡党友朋的讪笑毁阻和各方敷衍作梗，他"闻谤不敢辩，受辱不敢怒"[⑤]，以极大的忍受力和意志力，坚韧不拔地继续行进在艰难的创业报国路上。

在纱厂即将落成时，为应对工厂开车前的紧急经费开支，张謇不得不忍痛将已购进自用的价值 8 万两的棉花，运到上海出卖，以解燃眉之急。经过整整 5 年的艰难困苦的努力，1899 年 5 月，大生纱厂终于开车出纱。那年夏秋之间的棉纱行情恰逢好转，纱价持续看涨，纱厂卖纱所得价款日益增多。大生在命悬一线之际，终于否极泰来，苦尽甘来，迎来了勃勃生机。当时被软禁在老家常熟的翁同龢，获闻大生开车出纱喜讯后，欣然题赠一联，以示赞扬和祝愿："枢机之发，动乎天地；衣被所及，遍我

---

① 张謇：《承办通州纱厂节略》，李明勋、尤世玮：《张謇全集》第 4 卷，上海辞书出版社，2012 年，第 27 页。
② 同上。
③ 张謇：《大生纱厂第一次股东会之报告》，李明勋、尤世玮：《张謇全集》第 4 卷，上海辞书出版社，2012 年，第 125—132 页。
④ 同上。
⑤ 同上

东南。"

当张謇把大生开工赢利的好消息告知刘坤一时，刘十分高兴。张謇在当年八月二十日的日记中，生动地记载了他与刘坤一的一段妙趣横生又耐人寻味的对话："谒新宁（刘坤一），相见大欢，拱手称谢。对曰：'纱好地也，气转天也，人无与焉。'新宁曰：'是皆先生之功'。曰：'办事皆董事与各执事，謇无功'。曰：'不居功，苦则吃矣'。曰：'苦是自己要吃的，亦无所怨'。曰：'但能成，折本亦无妨'。曰：'不成则已，成则无折本之理。'"[①] 刘对纱厂创办成功表示祝贺和感谢，张自谦自己无甚功劳，靠的是天时、地利、人和。刘认为张没有功劳，也有苦劳。张则认为自讨苦吃，理应如此。刘觉得纱厂办成了，折本也无妨，张则自信而果断应答：不成则已，成则没有折本的道理。

从张謇与刘坤一的对话中可以看出，张謇对于吃尽千辛万苦，遭受千磨万难而得到的成功，还是颇为欣慰和自得的。似乎运气也开始好转。大生开车当年的纱价十分好，平均每件纱的获利均在 10 两以上。当时年产纱为一万多件，年利可达 14.6 万多两。到 1903 年，大生 12 支纱产量已达 3 万件，年纯利达 34 万多两。1904 年，年余利"按股已得二分二厘，合之官息（八厘），已及三分"。也就是说，股东回报率已达 30%。1905 年，由于日俄战争对进口纱带来的影响，国产大生纱销售更畅，年获纯利 57.34 万两，一年赚回了半个厂。随后，张謇招股投资 86.5 万余两，在崇明永泰沙再建一分厂，并于 1907 年将正厂与分厂合组大生纺织公司，并报商务部批准，百里内由大生专利 20 年，形成了对通海地区经营纱厂的垄断局面。

作为旧时代的士大夫，张謇具有难能可贵的新时代超前眼

① 张謇：《啬翁自订年谱》，李明勋、尤世玮：《张謇全集》第 8 卷，上海辞书出版社，2012 年，第 1015 页。

光。他观国情、献政见如此，办企业亦如此。他办工业，注重在企业内部建立符合现代经济运作的新型管理机制。兴办农业，则一方面推行新式股份公司，一方面又保留了传统的租佃式农户经营，形成具有中国特色的现代农业管理方式。

大生纱厂开车伊始，张謇便拟订了一份具有现代企业管理规章制度模样的《厂约》。《厂约》共16条，除阐明办厂宗旨和意愿外，对纱厂各部门及负责人的责、权、利及对员工的奖惩赏罚，包括伙食标准、徒工学习等，都作了具体明确的规定。依据《厂约》精神，全厂各车间、各单位也都制定了具体周详的管理制度。

在刚开始创办大生纱厂时，张謇就派人到中国经济最为发达的上海考察中外各纺织厂情况，学习借鉴新式企业的管理方式，创设具有大生特色的组织管理体制。"大生一厂开设，在前清未有商部之前，一切章程皆采诸上海各厂，而加以斟酌，用总理制，总理以下分考工、营业、会计、庶务四所长，沿之已久。"[①]从《厂约》来看，张謇所说的"总理制"，实际上是董事会制，担任总经理职务的张謇，相当于董事长。在董事会（总经理）的直线职能管理模式中，一方面高度集权，决策、运行高效；一方面分层管理，职责明确，赏罚分明。

健全的岗位责任管理制度，是现代企业内部管理的核心和基础，张謇在大生纱厂开车运行之初，就认真、周详地制定了各项岗位责任管理规章制度，使企业管理一下子就站在现代企业管理的制高点上。1899年颁行的《厂约》《大生纱厂章程》，对供销、生产、财务、杂务等四大主体部门以及稽查、警务、火险、安全等辅助部门，详细地规定了岗位职责。

---

① 张謇：《厂约》，李明勋、尤世玮：《张謇全集》第5卷，上海辞书出版社，2012年，第6—9页。

　　《厂约》规定，工厂四大部门经理负有直接的主管监督责任。主管供销的"进出货董"负责"察岁收、权市价、审栈厂磅秤之出入，校花衣干湿之盈亏，慎防火险，稽查偷弊"[1]。主管生产的"考工董"，负责"考机器之坚窳滑涩，纠人工之勤惰精粗，审储备煤油物料之缓急多寡，明匀整棉卷纱绞之得失轻重，慎防火险，稽查偷弊"[2]。主管财务的"银钱账目董"，负责"入储卖纱之款，出供买花之款，备给工料，备支杂务，筹调汇画，稽查报单，考核用度，管理股票公文函牍，接应宾客"[3]。主管杂务的"杂务董"，负责"理行厂房屋、船车桥路、港岸门栅之工程，督厂行昼夜巡防火险争斗之警察，以及一切支分酬应"[4]。在各部门主管领导之下的工作人员，亦有各自不同的岗位要求和职责规定。由于各个部门、各个岗位的职能和责任都很明确，就可以提高效率，既防止人浮于事，又避免相互推诿和扯皮。对于关联到几个部门和岗位的问题，《厂约》特别强调要既分工、又协作，协同解决。

　　对于在生产一线的工人，纱厂按照工作流程规范化和标准化的要求，有着更为严格甚至较为苛刻的岗位规定。每个工种的工人都有完成任务的定额，每个岗位都有严密的操作程序。同时，辅之以严格的生产纪律和集团工头制度。工头具有"约束督率各工之权，无论生熟手均须听女工头调派"[5]。为了保证产品质量，《章程》对从轧花厂、清花厂到粗纱厂、细纱厂，再到摇纱厂、成包厂等整个生产流程，都规定了系列详尽的质量要求指标。

　　对于辅助生产主体的各类配套岗位及实施管理，《章程》也

　　① 张謇：《厂约》，李明勋、尤世玮：《张謇全集》第 5 卷，上海辞书出版社，2012 年，第 7 页。
　　② 同上
　　③ 同上
　　④ 同上
　　⑤ 张謇：《厂约》，李明勋、尤世玮：《张謇全集》第 5 卷，上海辞书出版社，2012 年，第 8 页。

做了系统而又具体的规定。工厂章程中，分别列有《火险章程》（无《火险专章》）、《管水龙章程》和《稽查章程》《巡丁章程》（无《警务专章》）等。

岗位责任及各项规章制度的最终落实，还要靠严格合理的奖惩措施。奖惩得当，赏罚分明，是大生纱厂管理的鲜明特色和根本之举。《厂约》规定，每年工厂余利分为 13 股，其中 3 股拿出来做奖金，2 股归张謇和四大部门绅董，1 股给各部门执事。每人所获奖金多少，不按职务高低，而是根据功过情况。"核分三等酬给：功大者，月薪四元之人，可得上等；功效者，月薪四十元之人，只给中等；若上班而乘除功过，仅宜得下等花红。当公同察议去留，公过多者不给，私过轻者罚薪。"① 所谓"公过"是指"无心之错，牵连之咎，及求好而反坏者"；所谓"私过"是指"营私舞弊，亏空犯规，及偷惰误事者"②。

对于辅助性的管理部门和岗位，也有着具体的规定，比如火险、警务、治安、机修等方面，均有详细的奖罚条例和说明。对工人的赏罚，着重于以生产定额和生产纪律执行为考核基础。

在张謇的苦心创办，精心筹划，细心营运下，一座现代化的大型纱厂，终于在无人在意的荒僻一隅拔地而起。

张謇在《厂约》中，还万般感慨地回顾了辛勤办厂创业的过程："南皮督部既奏以下走经理其事，不自量度，冒昧肩承。中更人情久乖，益以商市之变，千磨百折，忍侮蒙讥，首尾五载，幸未终溃。是以下走才力智计之所能，盖大府矜谅于上，有司玉成于下，而二三同志君子贤人勖勤而提挚之力多也。"③

张謇对自己"舍身喂虎"的艰难创业经历感受极深，也因此

---

① 张謇：《厂约》，李明勋、尤世玮：《张謇全集》第 5 卷，上海辞书出版社，2012 年，第 8 页。
② 同上
③ 张謇：《承办通州纱厂节略》，李明勋、尤世玮：《张謇全集》第 4 卷，上海辞书出版社，2012 年，第 29 页。

对人生形成了独特的体悟。他家中客厅挂有一副对联："入水不濡，入火不热；与子言孝，与女言慈。"他对上联的解释是："立时冷暖，人非受其熏蒸不可，人非受其蛊蛊不可，能至大冷不觉其冷，大暖不觉其暖之一境，即庄子所谓入水不濡，入火不热者，便可以处世，便可以成事。"①

为了铭记纱厂创办过程中的磨难，儆戒其教训，张謇特意请人画了四幅《厂儆图》，自己题词点题，挂在工厂的公事厅。张謇为《厂儆图》之一的《鹤芝变相》题："谣曰鹜非鹤，菌非芝。以为鹤而鹜笑，以为芝而菌咄。汝则不智，奚鹜菌之怨为。""鹤""芝"分别指上海洋行买办潘鹤琴与郭茂之。他们作为办厂时的"沪董"，患得患失，反复无常，中途退股，致使企业初创就举步维艰。

张謇为《厂儆图》之二《桂杏空心》题"谣曰本心空，花菜背。杏乎杏，桂乎桂，贻汝悔"。"杏"指大官商、全国铁路督办盛宣怀（杏荪），"桂"指江宁布政使兼商务局总办桂嵩庆。他们都答应为大生纱厂分别筹助 25 万两和 6 万两资金，但言而无信，均是空头支票，致使孕育中的纱厂几乎流产。

张謇为《厂儆图》之三《水草藏毒》题跋已不全，根据画作和残留的题写，可看出："水""草"指姓有三点水的通州知州汪树堂和姓有草字头的幕僚黄介平。意欲讽刺抨击他们不但不按刘坤一的要求，拨款项以救垂危中的纱厂，反而包藏祸心，暗中使坏，嫁祸于张謇，使当地百姓和士人积怨于张謇。

张謇为《厂儆图》之四《幼小垂涎》题："盘不倾，几不折，谁能涎汝盘之实，盘兮实兮，小儿兮□□□"。"幼"指浙江试用道朱幼鸿，"小"指盐务督销严小舫。此画指责他们乘人之危，

---

① 张謇：《中国科学社第七次年会公请南通各界宴会答辞》，李明勋、尤世玮：《张謇全集》第 4 卷，上海辞书出版社，2012 年，第 514 页。

贪得无厌。张謇在资金无着、借贷无门时，与他们洽谈将工厂出租三年，暂渡难关。但他们乘机要挟，恶意勒索，纱厂几近夭折。

《厂儆图》生动地描述了张謇办厂创业的辛酸奋斗史，表达了他对不义恶人的愤懑之情。后来，虽然大生纱厂时来运转，开车后很快就获利甚丰，并在此基础上，兴办了许多教育慈善事业，但种种磨难和屈辱仍时时伴随着他。为了实现自己"舍身喂虎"的强国梦，他坚韧不拔、百折不挠地跋涉在崎岖不平的奋斗之路上。

为了实现"大工、大农、大商"大实业的理想，也是为了使工业与农业相辅相成，互动互促，张謇在大生纱厂初战告捷后，便将眼光从现代工业转向了现代农业，开始创办垦牧公司。在经过一年多时间的酝酿方案、勘测地界、筹集股金等筹备工作后，1901 年，通海垦牧公司终于成立并开工建设。

通海垦牧公司的工程建设整整持续了 10 年才基本完成。在经历了最初的地权纠纷，随后的风潮灾祸等种种磨难后，张謇取得了初步收获。但最终还是因天灾人祸，不断膨胀的垦牧公司负债累累，黯然倒闭。

垦牧公司初创时，所用土地的产权关系十分复杂。看似地价十分便宜的茫茫荒滩，其中一部分是原属淮南盐场供蓄草煎盐的"荡地"，另一部分是原属苏松、狼山两镇的"兵田"。另外，还有许多土地为"坍户"（原业主田地坍入水中而仍旧纳粮者）、"酬户"（为拿地酬报强分荡地本利的封建把头的户主）、"批户"（已购得土地，但仍替原业主交租纳粮的业户）。这些土地业主对土地权益本不在意，一旦垦牧公司要用地，却蜂拥而上，以索取最大利益。要把这些官民两界极为错综复杂的土地关系厘清，确实十分艰难。正如张謇所说："官又有为民买含糊之地，营又有苏、狼纠葛之地，民有违章占买灶业之地，灶有照案未分补给之地，甚至民业错介于兵田之内，海民报地与通界之中，几无一寸无主，亦无一丝不纷。"①

要想解决这些极为复杂的地权问题，必须依靠官府，而自私守旧、平庸塞职的官府，是不可能认真而又有效地解决这些问题的。再加上张謇从事的垦牧经营直接冲撞了传统盐政的既得利益，把荒芜海滩改造为现代棉纺织业原料基地的想法，也与一些地主和农户的意愿相忤，张謇在这方面所花费的时间、心血、钱财，难以估计！

等到耗尽无数精力和财力的地权问题基本解决后，初创的垦牧公司"垦务工程"又遇到了狂风巨潮和筑堤受阻之困，使张謇以及追随他的职员和民工面临着更大的磨难和挑战。所谓"垦务工程"就是招募几近赤贫的移民，在海滩外围修筑海堤，以保护堤内新开垦的土地免受海潮侵袭。工程浩大而又艰难，移民们在工地上顶风冒雨，披星戴月，日夜劳作。张謇则精心制订海堤修筑计划，包括外堤、里堤与格堤三种海堤的设置，各种海堤的分度、走向、堤高宽、修筑标准等。计划制定后，张謇还需到现场组织、督导施工。张孝若回忆说他父亲"晚年巡视河工，海滩上只有笨重土质的牛车，还是敞篷，坐上去十分不舒服，我父处之泰然，每天走百十里路"②。

张謇自己后来追述当时的情形是："开办之始，无地可栖……进筑各堤，则随堤址所在之荡，搭盖草屋。率数人一屋，湫隘器杂，寒暑皆苦。饮食之火，晨夕之蔬，必取给于五六里或十余里外。建设工作，运入一物，陆行无路也，必自为路；舟行无河也，必自为河……至光绪二十八年、三十一年之风潮，江君（江

① 张謇：《垦牧公司第一次股东会演说公司成立之历史》，李明勋、尤世玮：《张謇全集》第4卷，上海辞书出版社，2012年，第180—183页。
② 张孝若：《最艰难的创业者：状元实业家张謇传》，新世界出版社，2016年，第231页。

导岷）与龚君伯厚、李君伯韫等诸人，皆昼夜守护危堤，出入于狂风急雨之中，与骇浪惊涛相搏。即工头、土夫，无一退者，率至堤陷乃归。而所得之俸，视通之地，公司裁半；视他之处，公司裁三、四之一耳。[①]"

垦牧公司经过 5 年多的艰苦努力，到 1905 年夏天，终于陆续修成了 7 条长堤和若干水渠，开垦了第一堤西圩的 7000 多亩地。可是当年 8 月，突然来了一场连续五昼夜的飓风暴潮，刚建成的堤坝全都被冲毁，牧场羊群几乎全部散失，公司与民工损失惨重。股东们亦畏惧退缩，不愿承担 12 万两的修复费用。

这时的张謇咬紧牙关，坚毅力行，逆流而上。皇天不负苦心人，后来，他终于得到刘坤一的支持，向江宁藩库等单位筹集到一批款项，"工赈"垦区。他再度募集勤劳和坚韧的通海民众奋战在建设工地上。1906 年春便有 3000 多人"荷畚锸而至"[②]，在狂风暴雨的恶劣天气下，陆续修复了被毁的各条干堤。两年后，修筑一新的数十公里海堤，围起了近 10 万亩土地，部分垦区开始招佃开垦，有 1300 多户、6500 多人承佃垦荒。

到了 1910 年，经过整整 10 年的筚路蓝缕、艰苦奋斗，中国最早、最大的现代化垦牧区终于初显风貌。原来荒废贫瘠的沿海滩涂，建成了规划有序的干堤，"堤成者十之九五，地垦者十之三奇"[③]。

在张謇的精心规划设计下，依据天然地利和出海口河港的地理位置，将海滩分为形状大小各异的 8 个堤。各堤既相对独立，又整体相联，其中 7 个垦殖堤，1 个畜牧堤。陆续修成的 7 条堤防工程，总长度达 120 多公里。针对防洪御潮的特定要求，防堤分为外堤、里堤、次里堤 3 道防线。垦区内河渠、涵洞、闸门、

---

① 张謇：《垦牧公司第一次股东会演说公司成立之历史》，李明勋、尤世玮：《张謇全集》第 4 卷，上海辞书出版社，2012 年，第 180—183 页。
② 同上
③ 张謇：《垦牧乡志》，李明勋、尤世玮：《张謇全集》第 6 卷，上海辞书出版社，2012 年，第 581 页。

道路各得其所，并和垦区外的堤防、干河相互匹配，形成一套完整的水利基建系统。每一垦区被支渠和道路划分为"井"字或"十"字型，并有序建筑供垦农集中居住的垦农房舍社区，井井有条，错落有致。垦区还建有"自治公所"、初等小学、中心河闸等现代社区设施。新兴垦区俨然成了张謇心目中的"新世界"的一角。"各堤之内，栖人有屋，待客有堂，储物有仓，种蔬有圃，佃有庐舍，商有廛市，行有途梁，若成一小世界矣。"①

张謇极具现代经济头脑，又怀有强烈的爱国强国情怀。在事业经过重重艰难险阻，逐步走向兴旺之后，他并没有满足于已取得的业绩，而是开始搞集各项事业为一体、资金链和产业链相互配套联动的现代产业集团，为强国富民目标肩负起更大的担当。

比如说，为了使大生纱厂的棉花原料充足，且价廉物美，张謇创办通海垦牧公司，自己生产棉花；接着又利用轧花留下的棉籽，办广生油厂；然后利用油厂剩余的下脚油脂，办大隆皂厂，再利用大生纱厂的下角飞花，生产棉纱产品包装纸和翰墨林书局印刷用纸；并利用纱厂富余的电动力，兴办复新电磨面粉厂；同时，为了原材料和产品运输需要，他还创办了大达轮步公司、外江三轮公司、泽生水利公司、大中通运公行、船闸公司，并修建了通州天生港码头和上海十六铺码头；为了织布机、轧花车等机器设备的生产和维修，他还办起了资生铁厂、资生冶厂；为了满足厂区员工和城市居民的住房需求，他还创办了懋生房地产公司；为了搞纺、织、染一条龙发展的科研和实验，他还兴办了染织考工所；为了发展食品加工业，他还创办了颐生罐头公司、颐生酿造公司；为了解决企业资金问题，他还创办了大同钱庄、淮海实业银行，并担任上海交通银行总经理。就这样，张謇以大生纱厂

① 张謇：《垦牧乡志》，李明勋、尤世玮：《张謇全集》第 6 卷，上海辞书出版社，2012年，第 581 页。

为起点，为轴心，逐步打造了一个相互关联、系统匹配的产业链，建起了融上下游为一体的现代化产业集团，并形成当时中国最大的资本集团。这在当时的中国首屈一指，且绝无仅有。他的资本一度达2400万两，为中国民营资本之最。他既增添了国家经济实力，直接造福乡里，又示范、引领了中国的民营企业的发展。

以现代化棉纺业为起始的大生实业集团，随着规模的扩大和产业的扩张，涉及农业、交通、金融、服务等各个经济领域，并由此形成以工带农、带商，以农促工、促商，农工商齐头并进、城乡互动发展的新形态，为南通地区的经济结构和社会结构向现代化转型，提供了根本基础和强大动力。

张謇的宏伟强国志愿，并不止于在南通办成现代化的实业，为了能使中国的实业自立于世界之林，并抵御外国列强的经济侵扰，他希望从外国进口的东西，中国都能生产。正如1905年上海海关报告所说："推张殿撰之意，凡由外洋运来各种货物，均应由中国自行创办。"为此，他在南通之外还尽力投资创办（合办）了许多企业，包括上海的大生轮船公司、吴淞江浙渔业公司、景德镇江西瓷业公司、苏省铁路公司等。在江苏各市、县创办和支持创办的企业就更多了。

连云港的绅商沈云霈等人，在张謇的感召和相助下，创办了树芝公司和海赣垦牧公司，在开发滩涂、耕种养殖、农产品加工等方面取得了很大的成功。在公司创办初期，沈云霈专门到南通向张謇讨教，认真研究汲取南通通海垦牧公司的经营管理经验。张謇则在沈云霈资金困难时借给他30万银两，还专门派人去连云港协助办企业。他还特别交代，要择用"爱国才子"，警惕"小小殷勤之人"[1]。

---

[1]《张謇与清末海州滩涂开发》，"历史新知"，https://www.lishixinzhi.com/lishilunwen/4824.html

1904 年，张謇与宿迁企业家黄以霖等人经过认真实地考察，在宿迁成立了中国第一家民族资本玻璃企业——宿迁耀徐玻璃有限公司，在 1907 年生产出中国第一块平板玻璃。1910 年，耀徐玻璃产品获巴拿马万国博览会一等奖。当时落成在贫穷落后的苏北小城的耀徐玻璃公司，既填补了中国平板玻璃制造的空白，又使宿迁成为中国最早的现代化日用玻璃生产基地，无论是对中国的玻璃产业，还是对宿迁的经济发展，都影响深远。

成立于 1905 年的镇江大照电灯厂，是江苏第一家民营公用发电厂，由郭礼松主办，张謇参与投资并担任总董。张謇将之称为"江南要事之一"。与此同时，张謇还与徐鼎霖合资创办了镇江开成铅笔厂，对中国的铅笔产业和镇江地方工业的发展，起到了重要的推动作用。

张謇与无锡的荣氏兄弟（荣宗敬、荣德生）也有着良好的合作互助关系。1902 年，张謇借鉴荣氏兄弟保兴面粉厂的经营管理经验，创办了通州大兴面粉厂。1919 年，荣氏兄弟在无锡集资兴办申新纱厂，遇到纠纷和阻碍，请张謇致函江苏省长韩国钧，帮助解决问题。1920 年，张謇与荣氏合作在上海创办了左海公司和中国铁工厂。同年，荣德生率 50 多位无锡工商人士去南通参加以张謇为主角的苏社成立大会，并参观了南通各类工厂和学校。荣氏兄弟借鉴张謇的经验，在无锡办学兴文、修桥建路，积极促进当地的民生事业发展。

至于素有"天堂"美称的苏南名城苏州，张謇虽未直接去办厂创业，却与苏州籍状元陆润庠创办的苏纶纱厂多有来往，两个状元办的纱厂，一南一北，遥相呼应，共促两地发展。同时，张謇对名闻遐迩的"苏绣"的传播与提升，也颇有助推。

1914 年，张謇聘请苏绣艺术大师沈寿来南通主持女工传习所，执教传艺 8 年，不仅极大地推动了南通的刺绣和职教事业，而且使苏绣形成了另一光彩夺目的流派——"沈绣"。沈寿患病临终前，由其口述，张謇记录整理了以沈寿名号为名的《雪臣绣谱》，精准记述了绣备、绣引、绣法、绣要、绣品、绣德、绣节、绣通等刺绣要领。这本中国的第一部"刺绣大全"，不仅使珍贵的"沈绣"得以传世，而且使源远流长的"苏绣"更为璀璨夺目。在这一过程中，张謇与沈寿结下了深厚情谊。沈寿病重期间，张謇将新居濠阳小筑划出一半让沈寿安住养病。沈寿去世后，张謇亲自为其主持葬礼、规划墓地、手书灵表、勒石铭记。

在建好南通的同时，张謇既面向江苏全省投资办实业，又发起成立苏社、江苏地方自治讲习所，助推江苏地方自治事业。他甚至还从江苏和全国的发展战略出发，建议和策划以徐州为中心建立淮海省。

随后，张謇又把眼光聚焦于执中国经济牛耳、最为繁华发达的大城市上海。出于强烈的民族自尊心，他对吴淞开埠寄予厚望，希望能"与世界名埠之先进者增辉誉于地上"[1]。他在1921年《督办吴淞商埠就职宣言》中宣告，要"一面于沿江筹建公共码头堆栈，以期运输之便；一面区划各工厂聚业之所"[2]。随后，他提出一个占地430平方公里（地界与当时的上海市区不相上下）的"商港合一"的庞大商埠构想。他希望，吴淞商埠为中国"自辟商埠之先声，为改良港务之张本"[3]。他认为，"淞埠有特殊关系，设施为世界观瞻。不俟人本，我先自办，是为上等；求而后办为中策；终不自办，拱于让人，乃下策而至无策"[4]。

来中国调查经济情况的日本学人驹井德三在《张謇有关事业

---

① 张謇：《吴淞开埠计画概略》，李明勋、尤世玮：《张謇全集》第4卷，上海辞书出版社，2012年，第532页。

② 张謇：《督办吴淞商埠就职宣言》，李明勋、尤世玮：《张謇全集》第4卷，上海辞书出版社，2012年，第477页。

③ 同上

④ 同上

调查报告》中写道："是故张謇在实业上之势力，以南通江北一带为依据。在上海之地，以金融之关系，在九江路设事务所，掌南通关系各银行公司之交涉事务及产品之交易。又于黄浦江沿岸租界邻接地之十六铺，建有巨大之仓库及埠头，以大达轮船公司之名，营仓库及航行之业。在吴浙商埠所有之地产，占该埠形胜之区，现正建设埠头，进行都市之计划……"[1]

既具有世界眼光、又拥有雄厚实力的张謇，已不满足于单纯在国门内搞建设，他要立足国内，走向世界。他成立了专事对外贸易的新通贸易公司，在美国纽约最繁华的五十大道设贸易窗口，专营刺绣等产品。他甚至通过梁启超说合，计划与比利时政府合资筹办中比航业贸易公司，开辟中国往来西贡、新加坡、法国、比利时、德国各大商埠之间的海洋航线，然后再向国外各类企业大量投资。当时，他已与上海、浙江方面的著名企业家陈光甫、刘厚生等人商定了各自的投资股份。后来这项合资计划虽因比利时方面没有着落而搁浅，但显示了张謇对外开放的雄心和魄力。

经过多年的苦心经营和积累，又遇上一战爆发致使外国棉纱进口锐减，及国内棉纱市场产销两旺，价格上涨，1912 年至 1921 年 10 年间，大生集团迎来了空前绝后的黄金发展期，张謇的人生事业亦达到了鼎盛。

张謇在大生纺织公司 20 周年纪念会上（1918 年），不无自豪地向股东报告："若营业之赢利，则自己亥（1899 年）开车至去年年终，股东得正息一百六十七万七千余两，得余利二百七十三万三千余两，两共四百三十九万余两……今则加锭至六万六百，益以布机四百架，增股至二百万两，锭视前加半，股视前

---

① 驹井德三：《张謇关系事业调查报告书》。

加倍。"[1]

截至 1921 年，大生一厂的资本增加到 250 万两，历年纯利总额累增到 1160 多万两，大生二厂的资本增加到 110 多万两，历年纯利总额累增到 500 多万两；两厂合计，资本共为 360 多万两，历年纯利累增总额达 1600 多万两。

与此同时，盐垦事业也得到了很大的发展。由于通海垦牧公司垦熟地增多，收益增大，加之大生各厂对棉花需求量加大，张謇从 1913 年开始又掀起了新一轮的盐垦高潮。至 1920 年为止，先后成立了大有晋、大豫、大赉、大丰、大祐等十几家盐垦公司，投资总额共达 2100 多万元，占地总面积共有 450 多万亩。于是，在滨连黄海的两百余英里沿岸的冲击平原上，包括吕四、通州、如皋、东台、盐城、阜宁、涟水、陈家港等地，均成了新建盐垦公司的生产建设范围，已垦土地面积达 100 多万亩。当时建成的长 600 多里，宽 100 多里的黄海滩涂垦殖区，至今仍造福江苏沿海各地。

到 1922 年，大生资本集团共拥有大小企业 60 余家，总资本达到了 3400 多万元，成为当时中国最大的民族资本集团。随着实业等事业越做越大，步入鼎盛，张謇的强国之梦也越做越大。他在南通本地，以实业为基础，兴教育，办慈善，搞自治，硬是把一个偏居一隅的贫弱小县，搞成了响当当的全国"模范县"。同时，让自己的事业不断向全省、全国各地拓展。就连自视甚高的大文人胡适先生，也不得不由衷地赞叹道：他独立开辟了无数新路，做了 30 年的开路先锋，养活了几百万人，造福于一方，而影响于全国。[2]

---

① 张謇：《大生纺织公司二十年纪念开会词》，李明勋、尤世玮：《张謇全集》第 4 卷，上海辞书出版社，2012 年，第 372 页。
② 胡适：《南通张季直先生传记序言》，张孝若：《最艰难的创业者：状元实业家张謇传》，新世界出版社，2016 年，第 3 页。

经过多年艰苦奋斗，张謇"舍身喂虎"以实业报国终于有所成就，并准备向更雄伟的强国目标迈进。但是，事物往往总是盛极而衰。就像张謇于 1919 年《与张詧告诫实业同人书》中所说："营业之道，先求稳固，能稳固即不致失败，即失败亦有边际，企业者不可不知也。大凡失败必在轰轰烈烈之时。"[①] 他自己的命运，很遗憾被他不幸而言中。1922 年以后，由于国内外经济形势的变化，企业自身经营管理不善，及摊子铺得太大和社会事业花费太多等多方面的原因，再加上接连遇到产品滞销、资金链断裂、垦牧公司天灾人祸等危机，大生集团濒临破产。尽管张謇想方设法予以拯救，但他创办了 30 多年的实业和南通地方事业，还是无可奈何地走向了衰败。胡适正是在这种意义上，称他为是一个伟大的失败的英雄。

大生集团自 1922 年开始走下坡路，至 1924 年，营业亏损已达 600 多万元，完全靠借贷维持。张謇在给友人的信中，谈到他被债主包围，一筹莫展之惨况："仆始亦忍之，以为欠人债当受人气，可徐待转机。然今年世界棉业恐慌之状况如此，国内纱赋掳贵之状况如此，大生则每纱一箱，须亏一箱之本；每纺一日，须负一日之累，不能逃当然受困之公例。而股东之息、债户之息，则不可少不可移，试问何以支持?"1925 年，大生的债务已达 906.9 万两，占资产总额的 65.7％。大生自身已无力回天，只得由上海的中国、交通、金城、上海四银行和永丰、永聚钱庄债权人组织的银团全面接管。

面对一生的事业由鼎盛走向衰败，张謇万般感慨地说道："謇不幸而生中国，不幸而生今之时代，尤不幸而抱欲为中国伸眉书生吐气之志愿，致以矫然自待之身，溷秽浊不伦之俗。虽三

---

① 张謇：《与张詧告诫实业同仁书》，李明勋、尤世玮：《张謇全集》第 2 卷，上海辞书出版社，2012 年，第 712 页。

十年前，反复审虑，投身实业、教育一途，一意孤行，置成败利钝于不顾，而幸而利，幸而成，又辗转至于钝，几于败，亦可已矣。而苦不能已，则以教育根本未完，实业替人未得，尚不可为陋巷箪瓢之颜子，即不得不仍为胼手胝足之禹稷也。"①

然而，尽管如此，张謇对他当初所选择的"舍身喂虎"为强国的实业报国道路，始终无怨无悔。直到生命的最后一刻，他仍奋力拼搏在这条充满艰难险阻的高尚道路上。在去世的当月（1926年8月），他还抱病视察沿江水利工程。回家后病情加重，高烧多日不退，后渐入昏迷状态。8月24日上午，73岁的张謇瞑目而逝。他以全身心地投入爱国主义事业的壮举，践行了他卓尔不凡的人生理念："天之生人也，与草木无异，若遗留一二有用事业与草木同生，即不与草木同腐。故踊跃从公者，做一分便是一分，做一寸便是一寸。鄙人之办事，亦本此意。"② 他以"踊跃从公者"的姿态，奋力为国计民生而拼搏，留下了"不与草木同腐"的光辉事业和伟大人生。

还是那位日本学人驹井德三在考察南通、了解张謇后，由衷地赞叹到："今者于中华国家，不问朝野，为开发中华抱一志愿而始终不改者，殆无一人。惟公独居南通之地，拥江北之区域，献身于实业之振兴，尽心于教育之改革，卓举效果，此世人之所以称伟也。③"

那位日本人的眼光是独到的，评论是公允的。爱国、救国、强国，像一条光彩夺目又厚重无比的主线贯穿张謇一生始终。为实现自己心中的强国梦，他探索了一生，奋斗了一生，坚守了一生，非常人所能做到。正是在这种意义上，习近平总书记把张謇

---

① 张謇：《为实业致钱新之函》，李明勋、尤世玮：《张謇全集》第3卷下，上海辞书出版社，2012年，第368页。
② 张謇：《第三养老院开幕演说》，李明勋、尤世玮：《张謇全集》第4卷，上海辞书出版社，2012年，第508页。
③ 驹井德三：《张謇关系事业调查报告书》。

称作爱国企业家的典范和民族企业家的先贤和楷模。

毛泽东曾说过，一个人做好事并不难，难的是一辈子做好事。同理，一个人爱国并不难，难的是一辈子爱国，并将爱国之心化为强国之行。张謇就是这样一位伟大的爱国者。

政坛进退皆有为

张謇最了不起的地方，不在于他兴办了多少实业，而在于他在兴办实业的同时，怀揣爱国主义的政治理想，献身近代中国的政治建设，从而在中国近代政治史上产生了重大影响，作出了特有贡献。可以说他既搞经济活动，又搞政治活动，既经商又从政，既是实业家又是政治家。无论是早期的入幕、参政及在改善家乡地方政商环境中，还是在后来全国的政治舞台上，甚至包括晚年的南通地方自治方面，他都展现了政治家的风采。

如前所述，张謇从 22 岁任江宁发审局书记即涉足官场政坛。24 岁至 32 岁任庆军首领吴长庆幕僚（30 岁时曾随吴长庆赴朝鲜平乱），35 岁为开封知府孙云锦幕僚，并受河南巡抚黎文卫委托主持黄河防灾抗洪计划，草拟疏塞大纲。10 多年的幕僚生涯，使张謇开阔了政治视野，增强了政治能力，积累了政治资源，也进一步确立了政治抱负，对他后来正式投身政坛，直接参与政治活动，很有意义。

所谓"幕僚"是晚清幕府制度中，为地方军政大员从事文秘机要工作，并参与主官治事理政活动的文职骨干，俗称"师爷"。幕僚的社会地位和个人俸禄都不低，而且可表现政治才干，部分地实现政治抱负，因而吸引了大批有才华、有志向的读书人投效其中。周作人曾说过："前清时代士人所走的道路，除了科举是正路以外，还有小路岔路可以走的。其一是做塾师，其二是做医师……其三是学幕，即做幕友，给地方官'佐治'称作师务……"① 但是，毕竟科举是"正路"，幕僚只是一条"岔路"。所以，尽管张謇的幕僚工作干得不错，自己也感到有收获，他还是辞幕回乡备考，走学而优则仕的科举"正路"。

36岁时张謇回到家乡，在备考赶考的同时，一面帮助家庭和当地农民开展蚕桑、林木等商业经营活动，一面组织参与地方上的士绅商贩减免丝捐、布捐的抗争活动，筹办地方武装防卫组织滨海渔团等。

丰富的社会阅历和所涉政治活动，特别是面对地方官吏的所作所为，使张謇对中国政治的核心问题——官与民的关系，产生了深刻的认识。他对地方官吏为非作歹、欺压民众十分不满，他对朋友愤然说道："夫今日官之贼民，不足奇也；所奇者，不知民为谁何之民，而官自以为贼民乃可效忠。"② 也就是说，官吏欺压民众不奇怪，奇怪的是，官吏反而认为这是效忠朝廷。他认为，民为邦本，"民"是国家的民，也是朝廷的民。惠民才能使国家和朝廷稳固，而官吏"贼民"，却认为是效忠国家和朝廷，实际上是南辕北辙，从根本上损害了国家和朝廷的利益，违背了初衷。由此，他初步确立了从改变官吏状况入手，改良政治，改造社会的志向抱负。

一般都认为，张謇告别官场回乡备考（包括"南不拜张，北不拜李"）是因为厌恶了官场险恶和腐败，一心想远离政治，专心读书，做一个纯粹的读书人。其实不然，他准备考状元，是为了做更大、更正规的官，更好地发挥政治作为，实现政治抱负。

张謇42岁（1894年）高中状元后，任翰林院修撰（朝廷中枢文书，最高品级为三品），正式步入正规的政治轨道，并在全

---

① 周作人：《回忆录》，湖南人民出版社，1982年，第49页。
② 张謇：《复汪康年函》，李明勋、尤世玮：《张謇全集》第2卷，上海辞书出版社，2012年，第91页。

国性的政治舞台上大放异彩。他在中状元的当年，于甲午中日战争即将爆发的关键时刻，便积极支持老师翁同龢的主战主张，并积极为其出谋划策，奔走呼应。同时他以极大的政治勇气和强烈的爱国情怀，上书痛斥李鸿章的主和主张，这使他名震朝野、誉满天下。

1895年，刚刚在全国政治舞台上崭露头角不久，张謇因父亲去世，告假回乡丁忧守孝三年。在回乡期间，张謇受两江总督张之洞委托，"总理通海一带商务"，以官员身份招商办厂，逐步走上实业报国的道路。同时，他还任职"总办通海团练"，兴办地方海防武装，并借此之便，为花布商人"认捐"减负奔波，经营义庄、社仓、筹划通、海、泰、如四地合习乐舞（古典礼乐），为书院筹措经费等。在无法直接投身全国性的政治活动情况下，张謇无奈地选择在家乡从实业开始兴办各项民生事业，以图慢慢促进社会改良，推动近代化的进程，这实际上也是他后来在南通搞全面地方自治的发端和预演。

在这里，还要说明一下，关于张謇离京回家乡的原因，一种流传甚广的说法是：一次张謇与王公大臣、文武百官出城恭迎慈禧銮驾回宫。当时正逢狂风暴雨，许多白发苍苍的耄耋大臣跪迎道路两侧，积水淹没到了膝盖以上，全身匍匐，狼狈不堪。而慈禧太后仪仗威风凛凛，乘坐有28名轿夫抬行的超级龙凤大轿，前有虎贲甲士开路，后有车辆扈从殿后，女官太监前呼后拥，五色旌旗招展，精爪斧钺林立。张謇目睹此情景，深受刺激，喟然长叹："做大官亦如此下贱，这岂是胸怀大志之人所能忍受的?"[1]于是他愤然辞官回乡经商，不再涉足官场。

这事在张謇日记和他的儿子张孝若所写的《南通张季直传记》中确有描述。但实事求是地说，张謇当时并没有辞去翰林院

---

[1] 张孝若：《最艰难的创业者：状元实业家张謇传》，新世界出版社，2016年。

修撰职务，他回乡的直接原因是父亲去世，间接原因是感到暂时在全国政坛上难以施展，而且因得罪了李鸿章有风险，暂时避避风头。从他后来的所作所为可以看出，一有机会，还是要为官从政的。即使在家乡搞实业，也是为了在实业基础上发展教育、文化、慈善等各项民生事业，最终推行以全面现代化为主旨的地方自治，为全国树立一个样板，进而影响和引领全国的现代化。他没有远离政治，也没有决定从此以后绝不当官。从他一生所具有的官职、官衔，就可以看出这一点。

42 岁高中状元后，任翰林院修撰。

43 岁在家丁忧时，奉两江总督张之洞之命，总办通海团练，并主持江宁文正书院。

46 岁（1898 年）入京销假，为翁同龢起草《京师大学堂办法》等文稿。在戊戌变法前请假回乡，任江苏商务局总理。

52 岁（1904 年）任商务部头等顾问官。

53 岁（1905 年）任江苏教育会会长。

54 岁（1906 年）任江苏省铁路公司协理。

56 岁（1908 年）奉旨筹备江苏咨议局，当选为议长。

58 岁（1910 年）任农工商大臣，东南宣慰使。

59 岁（1911 年）任江苏两淮盐政总理，同年 11 月任南京临时政府实业部总长。

61 岁（1913 年）任袁世凯政府农商部总长，全国水利局总裁（1915 年辞职）。

67 岁（1919 年）任运河督办。

68 岁（1920 年）任吴淞商埠局督办。

由此可见，张謇一生大部分时间都有官职（尽管有的是虚职，但他的官员身份始终存在）。

更为重要的是，无论张謇是否当官，是否直接从政，他的政治理想、政治抱负始终没有放弃。为了民富国强而献身政治的热诚，始终没有减弱。正如张孝若所说，张謇外表看起来不站在政治的舞台中心，"而实际无时不报着国家兴亡，匹夫有责的责任心。尽忠竭节希望改进政治，人民得到幸福的热忱，或者比别的人还要加上几倍"①。

1898 年，丁艰期满，张謇回京到翰林院销假复职，恰好遇上震惊中外的"戊戌变法"。当张謇于当年闰三月十六日到达北京时，守旧派一方面猛力攻击在湖南推行新政卓有成效的陈宝箴、江标、徐仁铸等维新大员，一面再一次奏劾翁同龢"朋谋纳贿"。而帝党和维新派并没有因此而示弱退缩，反而借军机处领班大臣奕䜣病死的机会，抓紧推行变法。四月二十三日，光绪皇帝同意由御史杨深秀、学士徐致靖请定国是上疏，宣布正式诏定国是，开始变法。两天后光绪又召见维新派首领康有为，谕令康有为在总理衙门章京行走，参奏新政专折奏事。对中国近代史造成深远影响的"戊戌变法"或称"百日维新"终于拉开了大幕。

之前，张謇对工农商学兵政各界均有深入接触，对中国国情和发展趋势深有了解，早就认为中国若要富强，必须革除治国理政方面的种种弊端，再加上他又是帝党首领翁同龢的门生——"翁门六子"之一，故一到北京便毫不犹豫地支持老师的变法维新。他在变法维新开始前后，特别是在最关键、最紧张的日子里，常与翁同龢彻夜长谈，共商大计。按照翁的说法是"盖无所不谈矣"。按照张的说法是"与虞山谈至苦"②。当时甚至有人认为，光绪搞变法维新主要是听翁同龢的，而翁同龢又主要是听张謇的。

实际上，翁和张都是老成持重的改良主义者，他们既支持康有为、梁启超等维新派关于力主光绪协掌全权，全力推进政治、

---

① 张孝若：《最艰难的创业者：状元实业家张謇传》，新世界出版社，2016 年。
② 张謇：《柳西草堂日记》，李明勋、尤世玮：《张謇全集》第 8 卷，上海辞书出版社，2012 年，第 447 页。

经济、教育等各方面变革的基本主张，但又不赞成康、梁的急躁冒进的做法，用张謇的话说，就是"余与康梁是群而不党"，并曾劝他们"勿轻举"。翁既不同于康梁，甚至也不同于后来几乎全盘接受康梁意见的光绪帝。

在"百日维新"的第四天，被慈禧所愤恨，又为光绪所不满的翁同龢，突然被御令开缺回籍，这令张謇等帝党分子大为惊诧，既忧心忡忡又惶惶不可终日。张謇在当天的日记中写道："见虞山开缺回籍之旨……所系甚重，忧心京京，朝局自是将大变，外患亦将日亟矣。"①

四月二十八日，就在翁同龢前往宫廷，向光绪叩头拜别的那天，北京城南士大夫人心惶惶。所谓"城南"，历来是南方籍京官及清流文士宴饮雅集议论朝政之处，最能反映士大夫的心理情绪。这里的人心惶惶，颇能看出士大夫的普遍状态。第二天，张謇"恭诣乾清宫引见，瞻仰圣颜，神采凋索，退出宫门，潸然欲泣"②。

张謇既为皇帝和国家的命运担忧，也为翁同龢及自身的安危担心。见完皇帝的第二天，他便以《论语》中宁武子智愚得当、进退自如的故事，"晦语劝公（翁同龢）速行"③，离京避祸。

宁武子是春秋时卫国的大夫，曾在卫文公、卫成公时期辅政10多年。在辅政前期，国家政通人和，他便竭尽所能，大有作为；辅政后期，君昏国衰，他便装傻守拙，但又坚守朝中，以待时机为国出力。孔子认为他那种聪明或许有人赶得上，那种愚笨却无人能赶得上。因此，子曰"宁武子，邦有道，则智；邦无道，则愚。其智可及也，其愚不可及也"④。张謇在这里说宁武子

---

① 张謇：《柳西草堂日记》，李明勋、尤世玮：《张謇全集》第8卷，上海辞书出版社，2012年，第447页。
② 同上
③ 同上
④《论语·公冶长》。

的故事，显然是希望老师也能像宁武子一样，虽然心中的信念和理想要始终坚守，但行动上该进则进，该退则退，该聪明便聪明，该愚笨便愚笨。

张謇以宁武子的故事劝说翁同龢，实际上也反映了自己当时的内心世界和一贯的处事态度。早在青少年时期，张謇正在潜心读书，积极准备科举入世时，张謇的父亲就告诫他："汝曹日后无论穷通，必须有自治之田。"[1] 这种进而科举出世，退可终老家园的家训，深深地影响了张謇的一生。后来他秉持"达则兼济天下，穷则独善其身"[2] 的理念，进则从政、退则经商；进则搞全国的大政治，退则搞南通的小政治，但始终心怀天下，不忘报国强国，亦是这种家训的传承和升华。

所以，张謇在劝说翁同龢南归的同时，也为自己找到了一条"愚不可及"的，既避祸又坚守其志的道路——回家乡大搞实业。就在他到翰林院和吏部听旨正式复职的第二天（六月三日），他便以"通州纱厂系奏办，经手未完"[3] 为借口，再度向翰林院请假，并坚辞孙家鼐奏派他的京师大学堂教习职务。当天晚上便急忙离开北京，去塘沽乘船直奔故里。

当年八月初，慈禧发动政变，软禁光绪，罢黜帝党，捉拿康梁等维新派，斩首"六君子"。远在南通的张謇既为自己逃过一劫而庆幸，又深感惊恐和焦虑。如同翁同龢一样"身在江湖，心悬魏阙，亦战栗罔知所措也"[4]。

张謇虽远离北京政治漩涡中心，但并非从此不再过问政治，不再担任官职。为他的实业计，为南通事业计，为他所代表的新

---

① 张謇：《述训》，李明勋、尤世玮：《张謇全集》第 6 卷，上海辞书出版社，2012 年，第 288 页。

②《孟子·尽心章句上》。

③ 张謇：《柳西草堂日记》，李明勋、尤世玮：《张謇全集》第 8 卷，上海辞书出版社，2012 年，第 450 页。

④ 章开沅，《辛亥著名人物传记丛书：张謇》，团结出版社，2011 年。

型士绅即新兴的资产阶级权益计，更为国家的兴衰成败计，他依然关心政治，依然有机会就当官（尽管他当官是为了做事，为做大事而当大官，与一般的庸官贪官不可同日而语）。张謇回家乡后，一面努力办厂经商，一面任江苏商务局总理（1898 年）、学部咨议（1899 年），并与地方封疆大吏及政坛各方保持密切联系。

1900 年（庚子年），正当张謇创办的大生纱厂出纱盈利，他雄心勃勃地准备拓展实业、兴办教育之时，发生了震惊中外的义和团运动和八国联军入侵北京事件。对此，远避朝政却又以天下为己任的张状元绝不会置之度外，袖手旁观。他认为义和团以"忠君爱国，扶清灭洋"为旗号，颇有声势，表面上是反映了"民气"提升，实质是祸国乱政。正如他的儿子张孝若所说："父亲认为一国没有民情固然不好，而不上正路的叫嚣民气，也不是国家的幸福。"[①] 因而他主张一方面要清剿团匪，一方面要凭借东南督抚与列强共谋"保卫东南"，使战乱不要殃及经济繁华的东南一带。

在清廷已贸然向各国列强宣战的情况下，张謇积极参与了"保卫东南"的三个方面的重要活动：

一是筹划招抚大盐枭徐宝山（徐老虎）。在张謇看来，搞定徐老虎，既可以消除类似"团匪"的隐患，又可以向列强展示维持社会安定的诚意和能力。当年五月二十二日，张謇向刘坤一呈报"陈招徐老虎策"，随后又帮助谋划具体的招抚办法。刘坤一完全接受了张謇的建议，很快就将半是会党、半是盐匪的徐宝山所属武装力量招抚改编。把这支在地方上扰乱滋事的内乱势力平息后，便可专心于外国列强商谈"东南互保"，以避外患。正如张謇至刘坤一信中所言："抚徐之说，荷赐施行。内患苟弭，可

---

① 张孝若：《最艰难的创业者：状元实业家张謇传》，新世界出版社，2016 年。

专意外应矣。"①

二是力促刘坤一等与外方订立《东南互保约款》。面对北方战火纷飞，战祸将蔓延南方的危重局面，东南名流士绅、富商、地方督抚，为了共同的利益，也为了保住国家的半壁江山，形成共识，决定与在东南具有极大权势和利益的英国等列强合作，共同维护社会秩序，保东南平安。最早卖力宣传"东南互保"的是盛宣怀、赵凤昌等人，准备实行"东南互保"措施的是张之洞、刘坤一等人，而在最后关头"临门一脚"力劝刘坤一去上海签约的是张謇。

当时，尽管刘坤一与张之洞等东南督抚，有推行东南互保的意向，但毕竟是在朝廷已向列强宣战的情况下与敌议和，显然有背叛中央之嫌。作为信奉儒家道统的地方大员，刘坤一不得不犹豫再三，他的幕僚们也力持异议。因此，他准备去上海签约的前一天，还在举棋不定。就在这天晚上，张謇亲自赶到刘府，力劝刘签约。针对刘坤一怕担不守君臣名分、擅自违谕旨罪名的心理，张謇以"无西北不足以存东南，无东南不足以存西北"的圆通之论（似乎是站在朝廷和大局的立场上说理），说服了刘坤一，使刘下了决心，前往上海签约。在这里西北代表朝廷，没有朝廷的名分东南就不存在，但没有东南的实存，朝廷也就名存实亡了。张謇以保东南护朝廷的伦理大义，打消了刘坤一的顾虑，这正是满腹经纶而又务实变通的张謇的过人之处。

对此，张謇自己也有生动的记述："余诣刘陈说后，其幕客有沮者，刘犹豫，复引余问：'两宫将幸西北，西北与东南孰重？'余曰：'无西北不足以存东南，为其名不足以存也；无东南不足以存西北，为其实不足以存也。'刘噭然曰：'吾决矣。'告

① 张謇：《致刘坤一函》，李明勋、尤世玮：《张謇全集》第 2 卷，上海辞书出版社，2012 年，第 108 页。

某客曰：'头是姓刘物。'即定议电鄂约张，张应。"[①]

第二天，东南各方与各国驻沪领事协商议定《东南保护约款》，其主要内容是：1."上海租界归各国共同保护，长江及苏杭内地均归各督抚保护，两不相扰，以保全中外商民人命产业为主。"2."长江及苏杭内地各国商民、教士产业，均归南洋大臣刘、两湖都宪张允认切实保护……现已出示禁止谣言，严拿匪徒。"3."（上海制造局）军火专为防御长江内地土匪、保护中外商民之用，设有督抚提用，各国无用猜疑中。"[②] 按此约款，中外各方各行其职，各尽其责，共保东南自古繁盛地，远避内乱外斗，持续太平。

"东南互保"与40年前第二次鸦片战争期间发生的事情颇有相似之处。也许，这时的东南督抚和张謇这样的社会精英就是从历史上曾发生过的事情中获得灵感和借鉴。

1860年，在几经外交摩擦和武装冲突后，英、法政府正式对中国宣战，并集结了大量舰船和士兵直逼天津、北京。这时，被困已久的太平天国起义军，却攻破清军的江南大营，接连攻占了常州、无锡、苏州等地，直逼上海。在面临危局的江苏及上海地方官的私下请求下，英、法公使似乎忘了正与清朝开战，宣布与驻沪清兵共同保卫上海，维护商业活动和社会秩序。英军抽调了1000多人，法军抽调了600多人，在上海布防，与清军一道抗击太平军，保住了上海这座国际化大都市。这是中国和世界战争史上罕见的奇特现象，在北方与清廷作战的外国军队，却与南方的中国地方政府进行军事合作，共同防控中国的"内乱"。没想到，这不可能出现的一幕，在40年后的1900年又再次重演。

---

① 张謇：《啬翁自订年谱》，李明勋、尤世玮：《张謇全集》第8卷，上海辞书出版社，2012年，第1016页。

② 章开沅：《辛亥著名人物传记丛书：张謇》，团结出版社，2011年。

"东南互保"，是在清王朝陷入严重政治危机，全国面临更大战乱情况下，东南各省督抚、洋务派官僚、帝党分子、新式绅商等相互配合，保东南挽全局的务实明智之举。它保住了东南沃土和民生，更保住了清廷财源粮仓命脉之所在。它在表面上有违清廷宣战谕旨，但实际上有利于清朝暂时的完整存在。正因如此，事后，朝廷不但没有惩处违背"宣战"旨意的张之洞、刘坤一等主持"互保"的核心人物，反而予以褒奖。慈禧称赞他们的行为是"老成谋国之道"①。但从长远来看，因地方封疆大吏的阳奉阴违及名流士绅的上下呼应，并最终得到朝廷和民间的默认，因而从根本上动摇了清朝200多年来神圣不可冒犯的大一统权威。同时，以士绅和实业家为主导的民间社会各界，第一次脱离传统轨道，大规模参政议政，开始从根子上动摇专制王朝统治的正当性和合法性。从此以后，地方和民间的力量上扬，中央和官方的威权下挫，地方上各自为政，及民间伸张民权的各种思想言行四处弥漫并愈演愈烈，中国封建社会第一次出现了市民、绅士、知识分子、中间阶层都竭力自我表现的局面，这就间接逼出了后来的"新政"和"立宪"，以及诱发出最终的民主和共和。这就是"东南互保"的真正意义之所在。这也是张謇有意无意间对中国近代史的变迁所作出的第一次较为重要的贡献。

三是谋求"退敌迎銮"并使光绪当政。"东南互保"后，面对北京被占、两宫出走的惨境，张謇想方设法谋划收拾残局。他先是与东南的政要名流商讨，并力劝刘坤一、张之洞公推李鸿章率兵北上"勤王"，总统各路"勤王之师"拱卫两宫。然后便建议"迎銮南下"和"易西而南"。接着他又提出"退敌迎銮"，办好退敌、剿匪、请两宫回銮议约三件大事。他的这些对策建议得到了刘坤一的赞同，从这里可以看出，张謇既是一个了不起的爱

---

① 故宫博物院编：《义和团档案史料》上册，中华书局，1959年，第187页。

国主义者，也是在道德上极有修养的儒家君子。他并没有不在其位不谋其政，而是像范仲淹所倡导的那样：居庙堂之高则忧其民，处江湖之远则忧其君。先天下之忧而忧，后天下之乐而乐。①

所幸的是，张謇"迎銮南下"等建议，最终并没有得到采纳和实施。他在政坛上闪现了一阵后，便又投入了他的商海，专心办他的地方事业了。所幸的是由于当年洋纱进口锐减，大生纱厂"厂事复转，销路大畅"，当年获纯利 11 万 8000 余元。他开始扩充纱厂，并创办通海垦牧公司。

1900 年底，流亡在西安的清政府受此次重大变故的刺激，痛定思痛，为了振兴国运，改变落后挨打的局面，决定搞变法和新政。朝廷诏谕引经据典宣称："世有万古不易之常经，无一成不变之治法，穷变通久，见于《大易》；损益可知，著于《论语》……大抵法积则蔽，法蔽则更，要归于强国利民而已。"② 这些论调，与前不久才被镇压下去的维新派康梁等人的口吻如出一辙。由于改良、变革的社会动因和民意基础仍在，统治者往往会在打压了威胁自己统治的政敌之后，依然会喊出政敌曾用过的口号，以表示顺应国情民意，改弦更张，变革图强。古今中外的历史，不断在上演这一幕。

但是不管怎么说，新政和变法的宣示，毕竟又使维新派、洋务派帝党、新型绅商和想作为的士大夫看到了希望，他们又开始跃跃欲试。这时，一贯善于在政治上顺势而为的张謇，又要重返政坛了。张謇曾自述：庚子之变后，"謇窃以为非改革政体，不足以系人心而回天命。又念人民知识，梏于累千百年之专制，仓率无力以自振。乃与三数同志，谋师德，曰之立宪。上朝下野，奔走陈说，冀幸万有一成之日。"③

① 范仲淹：《岳阳楼记》。
② 章开沅：《辛亥著名人物传记丛书：张謇》，团结出版社，2011 年，第 59 页。
③ 国家图书馆善本部：《赵凤昌藏扎》第 10 册，国家图书馆出版社，2009 年，第 469 页。

　　清廷变法诏谕发布 10 多天后，当年的十二月二十三日，刘坤一即电邀张謇等人会聚南京商谈要政。张謇当仁不让地"重出江湖"，积极献计献策。他在与刘坤一及汤寿潜、郑孝胥等人商谈后，于 1901 年二月初开始，花了半个月的时间，写成《变法平议》，全面阐述了自己最新的政治主张。

　　张謇在《变法平议》中，首先针对危难的局势，论证了变法的必要性和紧迫性，"法久则弊，弊则变亦变，不变亦变"①。他认为，戊戌变法的失败并非变法本身的过错，而是由于时机没有成熟及"操之过急"。根据以往的教训，他特别强调要防止欲速则不达，希望宁可持重缓慢一些，也不要再蹈"躁进"的覆辙。

　　《变法平议》把 42 条变更事宜分为吏、户、礼、兵、刑、工六大部类，建议分阶段推行政治、教育、产业、社会等各方面的变革。他还把变法的具体内容划为三大类型：一是"必先更新而后旧可涤者"②；二是"必先除旧而后新可行者"③；三是"新旧相参为用者"④。实际上就是主张先立后破、先破后立、新旧融合三种方法同时并用，而不要片面地执破立、新旧于一端。当然他最看重的还是第三种，即新旧融合的方法，"上破满汉之界，下释新旧之争"⑤。这看上去是要改良、不要革命的折中调和之论，实际上最具可行性。张謇的变革策略有时间表、路线图，也有方法论和操作方案，确实比较周全。

　　《变法平议》还尖锐地抨击了顽固保守派的昏庸与愚钝。"夫使中国得终古闭关，赤县神州不见外人之足迹，则高曾矩矱世世

　　① 张謇：《变法平议》，李明勋、尤世玮：《张謇全集》第 4 卷，上海辞书出版社，2012年，第 34—62 页。
　　② 同上
　　③ 同上
　　④ 同上
　　⑤ 同上

相安，元、明之法何必不度长于三代？"① 这篇奏稿尽管没有超越以往维新派的主张，但毕竟标志着满怀爱国热忱的张謇顺应时代潮流，公开地站在了坚持变革的新党一边。后来张謇看到了自己精心起草的《变法平议》并不被朝廷看中和采纳，"意绪为之顿索"，又想从政坛退回了。他在致友人汪康年的信中写道："新政殆无大指望，欲合三数同志从学堂下手，以海滨为基础，我侪所能为者止于此"②。

然而，"树欲静而风不止"。送走灾乱频频不堪回首的庚子年，进入一蹶不振、黯淡如晦的辛丑年，注定天下依然不会太平，清王朝依然不得安宁。而一贯忧国忧民的状元公张謇，也不能真正专心于他在南通的那"一亩三分地"。

辛丑年（1901年），受尽万般磨难和惊吓的清廷，在苟延残喘之余，为了保住残破的大清江山，不得不忍痛含辱与西方列强签订了割地赔款的城下之盟《辛丑条约》。但这时的中国政局，与以往包括甲午战争战败后情况大不相同。过去尽管对外受损、蒙羞，但清王朝对内对下依然具有不可撼动的统治权威。但现在则出现了"外重内轻"和"民重官轻"的趋势。也就是说，地方政府和官员对于中央统治核心来说权重增加了，离心倾向和自主意识也增强了。对于政府官员来说，民间各种社会力量包括文人、绅商在内，分量也增加了，其维权和议政的意愿更强了。在这种情况下，清王朝不得不摆出力行新政推动变法革新的姿态，以重建统治权威。当然它所谓的新政也就是在沿袭洋务派振兴经济思路的同时，在行政、教育、社会等方面进行一些小修小补的"变法"，并不触动根本的政治制度。可以说，如今的新政，充其量是当年戊戌维新变法的回潮或翻版。

---

① 张謇：《变法平议》，李明勋、尤世玮：《张謇全集》第4卷，上海辞书出版社，2012年，第34—62页。

② 章开沅：《辛亥著名人物传记丛书：张謇》，团结出版社，2011年，第60页。

尽管清廷内心深处并不想搞伤筋动骨的革故鼎新，但"新政"的旗号一竖起来，还是产生了难以预料和把握的多米诺骨牌效应。上至王公大臣、封疆大吏，下至文人学士、官僚绅商，纷纷以新政为旗号，各抒己见，各行其是。于是，中国的政治势力也出现了深层次的分化和整合，除了主张从根本上"变法"（推翻封建王朝统治）的革命派外，在体制内出现了当朝的新政派和虽不当政却最有社会基础的"立宪派"。

所谓"立宪派"，主张"君主立宪"，既要在政治等方面推行实质性的变革，包括改变国家政权组织形式，实行内阁制等，又反对以暴力手段推翻清王朝的"革命"。他们奉行温和的、渐进式的政治改良主义，是当年维新派的延伸和提升。由于立宪派兼顾到了方方面面的利益和诉求，因而得到了社会各界、各阶层广泛的赞成和拥护。清廷尽管感到立宪派主张会损害自身的现有权益，但两害相权取其轻，相比革命派的颠覆性危害，觉得还是立宪可行。再加上来自国内外两边的压力，他们也不得不表示赞同立宪。于是，立宪运动一时风生水起，独领风骚。

立宪的实质是用宪法和法律来限制政府专横的权力，保障公民的基本权利。这对于亟须重新界定自身地位，维护自身合理权益的新兴资产阶级来说，尤为重要。无论是出于自身的阶级利益，还是为了追求爱国主义的富民强国的理想，张謇都会自觉地倾向于立宪。他认为当时"但有征商之政，少有护商之法"[1]，"商之视官、政猛于虎"[2]。要改变这种对商、对民都不利的政治状况，只有通过立宪扩大商民的参政权，限制政府的专制权。张謇本来就是主张维新变法的改良主义者，也是新兴绅商（或新兴的资产阶级）的代表人物，随着时代潮流大势所趋，他自然而然

---

[1] 张謇：《代鄂督条陈立国自强疏》，李明勋、尤世玮：《张謇全集》第1卷，上海辞书出版社，2012年，第22页。

[2] 同上

也就成了立宪派。而且由于他显赫的身份、声望、已有的社会影响力，出众的政治才能，很快就成了立宪派的关键骨干和实际领袖。在政治上不甘寂寞的张謇再次"出山"了。

当时的立宪理论和实践，在世界各国多种多样，主要分为英国为代表的"协定立宪政体"和以德日为代表的"钦定立宪政体"。但当时的人们对此并不是分得很清楚，只是认为搞立宪就行，因为立宪比专制好，可以从根本上解决政治上的弊端。中国的立宪派大都倾向学习"同文同种"的日本。他们主张像日本明治维新那样，实行钦定君主立宪，以政体改革带动国家各个方面的发展和进步。张謇也不例外。他一方面对日本欺凌中国十分怨愤，一方面又钦服日本能变革图强，快速崛起。他早在兴办实业和教育的过程中，就聘用了许多日本的技师和教师，并对日本国情有较深的研究。他多次说道："中日较近，宜法日；日师于德而参英，宜兼取德英、法美不同，略观其意而已。"①

1903年四月，张謇收到了日本驻江宁领事通过中国官方转交的邀请函，欣然准备去参观日本第五次国内劝业博览会。他想借此机会（一生中唯一的一次出国），深入考察因借鉴西方而大获成功的日本，以间接学习和移植西方文明的合理之处。

当年四月二十五日，张謇启程赴日本考察，至六月六日回国。在整整70天的访日期间，他考察了20座大中城市，30个农工商企业，35所各类学校，还有各类政治机构、社区民居、公共设施。在考察中他几乎每看必问，每问必记，每记必思，每思必录，留下了内容翔实的《癸卯东游日记》。从日记中可以看出，他虽然记述了各种各样的具体事物和活动，特别是有关教育和实业的情况，但思考最多、最为关注的还是日本的社会制度和政治

---

① 张謇：《代鄂督条陈立国自强疏》，李明勋、尤世玮：《张謇全集》第1卷，上海辞书出版社，2012年，第22页。

问题。他认为"政者君相之事"①，只有政府及政府的政策好，才会有好的实业和教育等事业。他参观博览会农民馆了解到北海道开垦业绩突出，再联系自己搞垦牧公司的艰难经历，大为感慨："国家以全力图之，何施不可？"②在参观玻璃厂时，他看中的不是技术先进，产品优良，而是"日本凡工业制造品运往各国出口时，海关率不征税，转运则以铁道就工厂，又不给则补助之。国家劝工之勤如是……与世界竞争文明，不进即退，更无中立，日人知之矣。"③

在日考察期间，有些日常小事，常能引起张謇深刻的政治思考。例如，他在北海道札幌，见到了一位早年移民到此地的山东日照农民许世泰。此人没有什么文化，非常老实木讷。张謇说他"状朴拙，口呐呐"④。但许多年勤劳开垦种粮，功劳突出，受到日本政府及全国新农产会会长高规格嘉奖并奏报天皇。于是，张謇联想到像这样的农民在中国何止千万亿万，但大多数默默无闻，贫困终生。由此可见，中日两国政府和社会状况有天地之别，"今中国人中，若许世泰者何限，十百千万倍于许世泰者亦何限，其视政府若九天九渊之隔绝，当其一詈而一嘲，十百千万倍于许世泰者也"⑤。当千百万个许世泰在恰当的社会环境下自由生长时，中国的农业及各行各业何愁不兴？他进一步认识到："合我二十二行省计之，如北海道之何至百倍，人民之可募而移者何止千倍，使尽如此经营，于富强乎何有。抉其病根，则有权位而昏惰者当之矣。"⑥

---

① 张謇：《柳西草堂日记》，李明勋、尤世玮：《张謇全集》第 8 卷，上海辞书出版社，2012 年，第 540 页。
② 同上
③ 同上
④ 张謇：《柳西草堂日记》，李明勋、尤世玮：《张謇全集》第 8 卷，上海辞书出版社，2012 年，第 557 页。
⑤ 同上
⑥ 同上

　　70 天的日本之行，使张謇感受到了明治维新给日本社会带来的巨大活力和快速变化，也使他深切地认识到中国要兴旺发达，必须效法日本实行政治制度的变革。他认为若要从根本上解决中国的问题，必须借鉴日本的经验，在发展商会、农会、教育会等社会团体的基础上，拓展全面政治活动的空间，允许组织各种政治团体乃至组建新式政党。而要做到这些，首先就必须推行立宪。他一回到中国便一边编印《日本宪法义解》《日本议会史》等分送朝野各方（包括呈报慈禧太后），一边上奏朝廷"仿照日本明治变法立誓，先行颁布天下，定为大清宪法帝国"。据张謇自订年谱记载："元月，刻《日本宪法》成，以十二册由赵竹君（凤昌）寄赵小山（庆宽）径达内廷。此事入鉴后，孝钦太后于召见枢臣时谕曰：'日本有宪法，于国家甚好。'"①

　　同时张謇还支持上海的开明报刊，积极宣传立宪变法。为了使立宪主张更为见效，他还积极联络张之洞、魏光焘及社会名流汤寿潜、赵凤昌等人，共商起草请求实行立宪的奏稿，实质性地推动立宪。当他知道手握大权的直隶总督袁世凯有可能赞同立宪时，便主动捐弃前嫌，写信与其复交，希望一南一北共同助推立宪。

　　袁世凯早年投奔吴长庆时，曾拜张謇为师，对张謇十分恭敬。后来，随着自身地位提高，便对张很不恭，张当时随即写信训斥，并与之绝交。1904 年，张謇致函"不通问者二十年"的袁世凯，希望其支持立宪。袁回复"尚需缓以俟时。"1905 年八月，张謇通过吴长庆儿子交递手书，敦促袁世凯带头奏请立宪。书言："且公但执牛耳一呼，各省殆无不响应者。"② 袁回函表示

---

　　① 张謇：《啬翁自订年谱》，李明勋、尤世玮：《张謇全集》第 8 卷，上海辞书出版社，2012 年，第 1009 页。

　　② 张謇：《致袁世凯函》，李明勋、尤世玮：《张謇全集》第 8 卷，上海辞书出版社，2012 年，第 141—142 页。

"愿为前驱"，并对张謇大为恭维。

与此同时，作为帝党"余孽"，躲过被整劫难的张謇似乎又"官运亨通"了。1904年三月初，清廷任他为商务部头等顾问（赏加三品衔）。这虽为虚职，但对于他无论是在家经商还是外出参政，都极有帮助，也进一步助推了他搞君主立宪的政治热情。他胆量比以往更大，言辞也更为尖锐："朝廷变法自强，屡下明诏，凡百新政，未尝不渐次设施。然政体不变，则虽枝枝节节而为之，终属补苴之一端，无当安危之大计。"[1] 他已不满足政治上的小修小补，而是要触及"政体"这一根本。

1904年至1905年发生在中国东北土地上的日俄战争，一向被看作蕞尔小国的日本，打败了貌似强大的沙俄帝国，使中国人深受触动，也激发了朝野上下加快立宪的意愿。因为各界普遍认为，日本之所以能获胜，不在于经济和军事实力，而在于在政治上变封建专制为君主立宪。而俄国之所以失败，只是因为不思变革，死守僵化的沙皇体制。于是，为了强国富民，复兴中华，就必须抓住政治体制变革这一关键，加快立宪步伐，便成了舆论主流。张謇在日俄战争早期日本刚获小胜时，就在日记中写道："一则致力实业、教育三十年而兴，遂抗大国而拒强国；一则昏若处瓮，瑟缩若被絷。非必生人知觉之异也，一行专制，一行宪法，立政之宗旨不同耳。"[2]

一时，"立宪之声，洋洋遍全国焉，上自勋戚大臣，下逮校舍学子，靡不曰立宪，一唱百和，异口同声。"[3] 在这种情况下，清政府被逼无奈，只得宣布一系列新政措施，包括废除实行了上千年的科举制，派五大臣出国考察宪政等等。1906年九月清

---

[1] 张謇：《拟请立宪奏稿》，李明勋、尤世玮：《张謇全集》第1卷，上海辞书出版社，2012年，第118页。
[2] 张謇：《柳西草堂日记》，李明勋、尤世玮：《张謇全集》第8卷，上海辞书出版社，2012年，第577页。
[3] 闵阁：《中国未立宪以前当以法律遇教国民论》，《东方杂志》第2年第11期。

廷颁布仿预备行宪政谕旨，1908 年八月还颁布了《九年预备立宪》，逐年推行筹备事宜谕及钦定宪法大纲，摆出了有计划有步骤地推进立宪的架势。可惜改革方案出台不到三个月，光绪帝和慈禧就相继去世了。如果这两人有一人在世，或许改革的结局，会有所不同。因为慈禧有掌控改革大局的能力，光绪帝有满腔改革热情。而他们的继任者，既无能力，又无热情。

在这种情况下，善于顺势而为的政治达人张謇又要趁势而上了，他很想在政治上有所作为。当然，这主要是受强烈的爱国心所驱使，正如他自己所说："宪政之果行与否，非我所敢知；而为中国计，则稍有人心者不可一日忘。"[1]

清朝统治者出于自身利益的考虑，及囿于自身识见，对于新政和立宪总是真真假假、半信半疑。就拿所谓的"官制"和成立新型内阁来说，一方面要极力保留"相承至今，尚无流弊"的军机处；一方面在新设立的内阁 13 个大臣位置上，汉族官僚仅为 5 人，其他均为满族及蒙古亲贵，这就激起了汉族官员和民众的普遍不满，立宪派也更为失望。他们决心开展有组织的立宪运动，以逼使清廷真正搞立宪。

在风起云涌的立宪运动开展起来以后，张謇首先积极参与了预备立宪公会的筹建。该会于 1906 年十一月在上海正式成立，主要由江、浙官绅上层代表人士组成，以"奉载上谕立宪，开发地方绅民政治知识"为宗旨。第一任会长是郑孝胥，不久便由张謇接任。在张謇的领导下，预备立宪公会极力推进立宪和改良主义各项政治活动，成为全国成立最早、影响最大的立宪组织，也使上海成为全国立宪派大本营。

清廷为了应对来自各方的压力，包括立宪运动的兴起和革命

---

[1] 张謇：《柳西草堂日记》，李明勋、尤世玮：《张謇全集》第 8 卷，上海辞书出版社，2012 年，第 620 页。

起义的频发，不得不摆出加快立宪进程的姿态。1907年八月清廷御令设咨政院，作为正式议院的过渡形式。这是清政府仿照西方的法规设立的中央咨议机关，目的是"中国上下议院一时未能成立，亟宜设咨政院以立议院基础"①。咨政院议员分钦定、民选两种。钦定的由皇帝挑选王公大臣、硕学通儒委派，民选的由各省咨议局推选，大多为地方绅民。咨政院对国家的收入支出、法典、朝章、公债程序等国家大事议决后，会同国务大臣奏报皇帝决定。与此同时，作为相应的地方配套咨政机构，清廷御令各省筹设咨议局及州县议事会。

清廷的御令一下达，张謇便闻风而动。当年，他便与汤寿潜、剻光典等商讨如何推进召开国会的问题。第二年（1908年）五月，由郑孝胥牵头，以江浙绅商名义电请召开国会。这年秋天，张謇正式奉旨筹办江苏省咨议局。他先是在南京设立了咨议局筹办处及咨议局调查会、咨议局研究会。然后便又"硬件""软件"一起上，一方面派由自己创办的南通测绘学校培养的青年才俊孙支厦到日本参观学习日本议院大厦等建筑，借鉴日本的有关设计方案，着手咨议局办公大楼的基建（此楼位于现在的南京市湖南路省军区司令部大院，是国家重点文物保护单位。曾为国民党中央党部办公地点）；一方面为即将成立的咨议局定规立制、多方筹划。

1909年八月，江苏咨议局正式成立，张謇被推选为议长。根据有关章程规定，咨议局"钦遵御旨，为各省采取舆论之地，以指陈通省利病，筹计地方治安为宗旨"②。其基本职责是：议决本省应兴应革事项、财政预算决算、税法、公债，选举国家咨政院议员、申复咨议局和督抚咨询，公断基层自治会的争议。

---

① 故宫博物院明清档案部编：《清末筹备立宪档案史料（上册）》，中华书局，1979年。
② 同上

清廷同意各省筹建咨议局之后，各地纷纷响应，短短的三年内，全国共有 20 多个省都建立了咨议局。张謇倡办和主导的江苏咨议局影响和成就最大，自然而然成了全国的样板和领头羊。最为关键的是，他一开始便突破性地主张以西方议会为模本，力求将咨议局办成一个具有立法功能的机构。

在江苏咨议局第一届常委会上，张謇提出《本省单行章程规则截清已行未行界限分别交存交议案》并获通过。其核心内容是，凡在咨议局开办以后所定的本省单行法，都必须经过该局议决，然后才能呈请公布生效。这明显对以往大权独揽、立法、行政及司法权责混用的督抚大员是一个约束，对咨议局的立法功能是一个肯定和彰显。为了使这个方案真正得以施行，第二届常委会议决了《本局议案公布施行后之实行方法案》，规定地方官必须按期报告咨议局决议案的施行情况，"如故意拖延不办者则据实给予纠劾"[1]。这些做法有点儿像当时的西方议会，也有点儿像当今的"人大"。

当然，由于顽固守旧的掌权者的严重阻碍，张謇和立宪派的主张还是很难实行的。比如，当江苏巡抚瑞澂提交改定厘金征收办法讨论时，咨议局认为损害商民利益予以驳回，而瑞澂却执意要办，并得到了两江总督张人骏的偏袒。1910 年夏天，上海三家钱庄倒闭，引起金融风潮。张人骏未经咨议局讨论，便向上海洋商借债 300 万两维持市面。咨议局认为如此重要的事情，虽然情况紧急，但也应按规矩报于咨议局讨论，以便请国家咨政院核办。1911 年二月初咨议局对张人骏提出的预算案经审议后，决定大幅裁减，但张人骏依然按原案执行。对这种明显违法违规行为，张謇只得率咨议局各副议长和常驻议员集体辞职，以表抗议和不忍。社会各界包括各省咨议局，对江苏咨议局表示同情和声

---

① 故宫博物院明清档案部编：《清末筹备立宪档案史料（上册）》，中华书局，1979 年。

援，对张人骏予以严厉的指责。《申报》《时报》《东方杂志》等知名报刊均发声痛斥张人骏。南京绅商学界成立了有200多人参加的预算支持会，全力支持张謇和江苏咨议局，在京江苏籍官绅也集议揭露江督劣迹。

张謇在与守旧势力的抗争中，虽未获胜，却在全国形成了巨大声望，自然成了立宪运动的代表性人物。特别是在立宪派后来组织开展的召开国会的请愿活动中，更是发挥了领导带动者的作用。

立宪运动风起云涌之际，也恰是处于重重危机中的清王朝进退维谷之时。从理论上说，改革可能消除危机，但若改革不当，也会引发危机。然而，不改革，必然造成危机。如果把立宪看作一场力图消除生存危机的改革的话，改革则与危机在赛跑。早立宪，就可早日走出危机四伏的险境，晚立宪，就会遇到难以应对的灭顶之灾。自从清廷在1908年正式确立预备立宪的步骤和时间后，社会各界普遍感到要经过9年才召开国会太慢，逐步形成了要求早开国会的诉求和思潮。张謇作为立宪运动的实际领袖和各省咨议局的"带头大哥"，身负众望，积极参与和组织了三次全国性的召开国会请愿活动。

在真正的立宪政体中，国会和与之相对应的责任内阁，是限制君权、扩大民权的实质性机构，是实行立宪的根本性标志。因此，早开国会和成立责任内阁，自然就成了立宪派最重要的政治诉求和运动目标。

1909年八月，张謇利用咨议局开会的时期，与江苏政要和社会名流商议，决定联合各省督抚及咨议局，共同要求召开国会和组织责任内阁。具体分工由江苏巡抚瑞澂出面联络各省督抚，要求组织责任内阁。由张謇出面联络各省咨议局，要求早开国会。经过张謇、汤寿潜等江浙的立宪派紧张活动运作，16省咨议局代表于当年十一月齐聚上海，共商国是。经过反复磋商讨论，决定以咨议局请愿联合会名义组成33人的请愿代表团赴京请愿。

这次请愿活动颇有声势，影响很大。湖南的热血青年徐特立（后成为毛泽东的老师）断指写血书以表声援。可想而知，当时全国众望所归，都在支持张謇等立宪派。代表出发时，上海各界人士召开欢送大会，张謇设宴践行并作《送十六省议员旨阙上书序》，还连夜改定了请愿活动的纲领性文件《请速开国会建设责任内阁以图补救的意见书》。

在主要针对请愿代表而言的《送十六省议员旨阙上书序》中，张謇精辟地指出：立宪与国会的目的就是"进我人民于参预政权之地，而使之共负国家之责任"①。而这次请愿的意义则是"但深明乎匹夫有责之言，而鉴于亡国无形之祸，秩然秉礼，输诚而请。得请则国家之福，设不得请，而至于三，至于四，至于无尽。诚不已，则请亦不已，未见朝廷之必忍我负人民也。即使诚终不达，不得请而至于不忍言之一日，亦足使天下后世知此时代人民固无负于国家，而传此意于将来，或尚有绝而复苏之一日"②。

张謇关于早开国会（早立宪）的这段议论特别深刻精当。他的言下之意：我们怀着对国家的无比忠心和热忱，尽最大努力向朝廷请愿进言，相信朝廷终归会不忍"我负人民"而采纳。退一万步来说，即使朝廷因不采纳我们的忠言，而致国家到了"不忍言之一日"（实际上也就是亡国之日），我们也算尽到了责任，使后世知道我们这代人没有辜负国家，而将这种精神传承下去，国家亦有"绝而复苏之一日"。在这里，张謇强烈的爱国心，崇高的历史使命感和责任感，以及深邃的历史眼光和政治洞见，淋漓

---

① 张謇：《送十六省议员旨阙上书序》，李明勋、尤世玮：《张謇全集》第6卷，上海辞书出版社，2012年，第348页。
② 同上

尽致地跃然纸上。

在主要是向皇室进言的《请速开国会建设责任内阁以图补救的意见书》中，张謇规劝执政者，一定要看清已十分危急的形势，不能再按照原来9年预备期的计划按部就班地搞立宪，而是要像救火一样刻不容缓。否则，就是看着国家要被火焰吞噬而不救，"是何异揖让而救焚"①。因此，张謇建议朝廷应该明降谕旨："声明国势艰危，朝廷亟欲与人民共图政事，同享治安，定以宣统三年（1911年）召集国会"②，并从速建立责任内阁。出于忧国忧民的责任感和时不我待的紧迫感，张謇要求在两年内召开国会，固然准备工作不一定来得及，但这或许是救大厦于将倾的唯一良方。如果朝廷真的宣布了1911年召开国会，辛亥革命是否会发生，真的还很难说。

张謇在《意见书》中，还极有见地地分析了当时的形势走向。他认为，有关官僚机构不事革新却一味压制民意"士民上书之限制甚严，是欲塞天下之口也"③。而当民情民意一而再、再而三不得上达和被吸纳，就会逼出不顾一切的革命派和漠然袖手的旁观派，即"一二激烈之士，将以为国家负我，决然生掉头不顾之心；和平之士，将以为义务既尽，泊然入袖手旁观之派"④。这样，除了暴烈的革命派和冷漠的旁观派，真正忧国忧民的忠义明智之人士就会越来越少，国家就越来越危险了。后来，全国政治局势的演变，正是应了张謇的分析。

尽管张謇和请愿人士慷慨激昂、义正词严，但清廷自有清廷的考虑。当1909年十二月初请愿代表将请愿书递交朝廷时，上

---

① 张謇：《请速开国会建设责任内阁以图补救的意见书》，李明勋、尤世玮：《张謇全集》第1卷，上海辞书出版社，2012年，第187—190页。
② 同上
③ 同上
④ 同上

谕先是装模作样地夸奖代表们"俱见爱国热情，朝廷甚为嘉悦"①。接着便以"筹备既未完全，国民知识程度又未画一"② 为由，否决了早开国会的建议，仍坚持立宪预备 9 年的方案。于是第一次国会请愿运动就这样雷声大雨点小地结束了。

对此，做事极具韧劲的张謇及极具民意基础的立宪派，绝不会善罢甘休。他们逐条批驳了清政府拖延召开国会的 3 条主要借口。针对宪政筹备不全的借口，张謇指出："夫有国会然后可以举行宪政，无国会则所谓筹备皆空言。"③ "而国会一日不成立，即筹备一日不完全，此必然之势。然则吾国惟其欲筹备宪政，亦当速开国会也。"④ 针对国民程度不一的借口，张謇指出："中国亟宜择民间之优秀者，许其参政。其多数之国民，一面普及之以教育，一面陶熔之以政治，庶几并行而不悖。若坐待人民程度之划一，而始开国会，是无其时。然则吾国今日，惟其欲培养国民之程度，亦当速开国会也。"⑤ 针对资政院可代开国会的借口，张謇指出，一切听命于朝廷的资政院，与独立行使职权的国会大不相同。"故朝廷既欲实行立宪，必自罢资政院而开国会始。"⑥ 对迟开国会借口的有力批驳，使早开国会的主张更为理直气壮。

1910 年二月，江苏咨议局作为国会请愿运动的发起单位，再次做出呼吁速开国会的决议，于是各地纷纷响应，各省政团、商会、协会及华侨商会分别推举代表，联合各省咨议局代表，共同发起了第二次国会请愿运动。这次请愿运动的声势影响更大。五月十日，10 个团体同时向都察院呈递请愿书，各省入京请愿代表 150 余人，在请愿书上签名的号称有 30 多万人。

---

① 故宫博物院明清档案部编：《清末筹备立宪档案史料（上册）》，中华书局，1979 年。
② 同上
③ 张謇：《国会代表第二次请愿书》，李明勋、尤世玮：《张謇全集》第 1 卷，上海辞书出版社，2012 年，第 204—207 页。
④ 同上
⑤ 同上
⑥ 同上

但是，清廷的态度也更为顽固和严厉。除了拒不同意提前召开国会外，还明确告诫请愿代表："惟兹事体大，宜有秩序，宣谕甚明，毋得再行渎请。"①此举令立宪派沮丧、不满，也激起了他们要进一步采取行动的决心。

当年九月，咨政院举行开院典礼，立宪派借此机会发起了力度更大的第三次国会请愿运动。各省请愿代表与民权意识较强的咨议局遴选议员里应外合，一面向摄政王载沣再次上诉请愿，一面四处游说王公大臣，悲壮恳切地反复说明必须召开国会的理由。最终，咨政院居然一致通过了关于召开国会的议案，议员们高呼："大清帝国立宪政体万岁！"社会舆论几乎一边倒地支持召开国会。

此时的清廷终于顶不住了，不得不在 1910 年十月三日宣布于 1913 年召开国会，并允诺预行组织内阁。这个时间比原定计划提前了三年，可以看作立宪派的重大胜利。但它的更深远的历史意义还在于：一、专制统治者居然破天荒地在社会和民众的压力下变更成命，表明其统治权威已大打折扣；二、像张謇这样的社会精英（包括知名士绅和开明官僚），第一次与社会民间力量联手，有组织地举行政治抗争活动，并取得一定成功，这在中国历史上还是第一次，标志着中国政治正向现代转型；三、开弓没有回头箭，清王朝在强大的民意裹挟下，必须沿着立宪变革的道路走下去，否则就会给执意要彻底推翻它的革命党以可乘之机。

在张謇看来，如果机缘巧合，立宪运动能够成功，以张謇等人为代表的立宪主张能够实现，中国就可以和平过渡到现代政治文明轨道，实现其梦寐以求的现代化强国理想。然而，历史最终没有给予这样的机会，风靡一时的立宪运动，不久就被剧烈的暴力革命所取代。张謇既感到遗憾，又为立宪运动在中国社会转型

① 故宫博物院明清档案部编：《清末筹备立宪档案史料（上册）》，中华书局，1979 年。

中发挥的重大作用，以及自己在立宪运动中发挥的重大作用而自豪。现在，我们似乎可以理解晚年的张謇为什么要在为《自编年谱》作序时说："一生之忧患、学问、出处，亦常记其大者，而莫大于立宪之成毁。"① 在他看来，这种近乎扭转乾坤的大事，虽然功败垂成，却是他一生用力最多，最为辉煌的壮举，也是离他"治国平天下"的抱负最为接近的作为。

从这里也可以看出张謇对自己一生的作为和身份的评价。他认为自己一生最主要的作为和贡献，在于政治方面。自己既不是商人，也不是官员，而是信奉圣贤孔孟之道、与时俱进的政治家。正如他的儿子张孝若在为他做传时所说："像他对于国家建设的抱负政策，早生几十百年，在贤明君主的朝廷，可以做一个治世的能臣。如果迟生几十百年，在民主政治确建以后，他也可以做一个成功的福国利民的政治家。"②

晚清末年的政局确实危急而又微妙，在深得民心的立宪派的搅动下，面对已经出现的革命浪潮，清王朝面临着三种极为艰难的局势或选择：要么是以改革消弭革命，但需放弃许多既得利益；要么是压制改革激发革命（被彻底颠覆）；要么是改革不当而引发革命，同样是被彻底颠覆。清廷意识到不能不改革，但又不愿快改、大改，终于在改革与革命（也是危机）的赛跑中输了下来，彻底垮台。张謇当时似乎已意识到了这种趋势，他敏锐而又深刻地指出："亟立宪非救亡，或者立宪国之亡，人民受祸轻于专制国之亡耳"③，"此前年语，今视我社会动作，恐人民经不得亡，亡后担不得恢复"④。

---

① 张謇：《啬翁自订年谱》，李明勋、尤世玮：《张謇全集》第8卷，上海辞书出版社，2012年，第1001页。
② 张孝若：《最艰难的创业者：状元实业家张謇传》，新世界出版社，2016年，第231页。
③ 张謇：《啬翁自订年谱》，李明勋、尤世玮：《张謇全集》第8卷，上海辞书出版社，2012年，第1026页。
④ 同上

1911 年上半年，清廷按照既定承诺，煞有介事地在正式的立宪前组建责任内阁。但所谓的责任内阁实质上依然是皇家班底。内阁总理大臣是庆亲王奕劻，内阁协理大臣是那桐和徐世昌，其他 16 个部门当中，只有外务大臣梁敦彦、学务大臣唐景崇、邮传大臣盛宣怀为汉人，其余全为清廷贵族。这就更加激起了立宪派的不满以及汉族官员和世人的义愤。同时也给以"驱除鞑虏，恢复中华"为宗旨的革命党人以更大的行动借口。

在这种情况下，张謇对清廷越来越失望，他一方面尽最大的努力和予以"最后之忠告"，苦心规劝清廷抓住最后的机会，搞真正的立宪挽救败亡的结局；一方面积极联络袁世凯等实力雄厚的汉族高官全力推动立宪。同时他在思想上也开始考虑应对可能迫不得已而来临的共和及革命的局面。

世事洞察、人情练达的张謇深知皇族内阁一出，"全国为之解体"①，"举国骚然，朝野上下，不啻加离心力百倍，可惧也"②。面对危机重重的严峻局面，张謇急切地向清廷表示："謇十四年来，不履朝籍，于人民之心理，社会之情状，知之较悉，深愿居于政府与人民之间沟通而融和之"③。

1911 年五月，张謇以代表沪、津、穗、汉等地方商会向清朝政府呈请赴美报聘等事为由，赴京拜见各方王公大臣。五月十七日，摄政王载沣会见了张謇。据张謇日记记载："王命坐，即问：'汝十几年不到京，国事益艰难矣。'敬对：'自戊戌出京，今已十四年。先帝改革政治自戊戌始，中历庚子之变，至于西狩回銮以后，皆先帝艰贞患难之时。今日世界知中国立宪，重视人民，皆先帝之赐也。'言至此，不觉哽咽流涕。王云：'汝在外办事辛

---

① 张謇：《啬翁自订年谱》，李明勋、尤世玮：《张謇全集》第 8 卷，上海辞书出版社，2012 年，第 1026 页。
② 同上
③ 张謇：《请新内阁发表政见书》，李明勋、尤世玮：《张謇全集》第 1 卷，上海辞书出版社，2012 年，第 225 页。

苦，名誉甚好，朝廷深为嘉慰。'敬对：'张謇自甲午丁忧出京，乙未马关订约即注意实业、教育二事，后因国家新政须人奉行，故又办地方自治之事。虽不做官，未尝一日不做事，此盖所以仰报先帝拔擢之知。此次因中国报聘美团事，又有中美银行、航业二事，为上年美商与华商所订合同，故被沪、粤、津、鄂四商会公推而来。蒙皇上召见，仰见摄政王延纳之宏，耳目之不壅蔽，深为感激。今国势危急，张謇极愿摄政王周咨博访，以就治安之进行。'王云：'汝在外办事多，阅历亦不少，有话尽可说。'因对：'张謇所欲陈者……'"①

归纳起来看，当时张謇向载沣等皇室显要进言的主要内容有五个方面：一是注重民生，实行宪政，发挥各省咨议局的作用；二是支持保护本国农工商各业，极力抵制外货倾销；三是由民间团体出面从事国民外交，以联合美国为外交最主要之策；四是政府承担四川铁路工程的亏空，全部收购商股，借以平息保路风潮；五是照数拨给东三省总督赵尔巽2000万两经费，以便中美合作开发东三省。②

在张謇极力向清廷"忠告"的同时，立宪派以各省咨议局联合会为基础，在北京正式成立了"宪友会"，并在江苏、湖北、四川等十几个省建立支部，颇像全国性政党雏形。"宪友会"的首领骨干和江苏支部的负责人，都为张謇的好友亲信。张謇希望通过宪友会，进一步广泛深入地开展立宪运动。

张謇在力劝清廷和支持"宪友会"活动的同时，没有忘记联络各方实权人物，以应对各种可能出现的局面。他除了在京频繁会见载泽、载洵、载涛及徐世昌、唐绍仪等皇亲政要以外，还专

① 张謇：《柳西草堂日记》，李明勋、尤世玮：《张謇全集》第8卷，上海辞书出版社，2012年，第720页。

② 张謇：《辛亥五月十七日召见拟对》李明勋、尤世玮：《张謇全集》第1卷，上海辞书出版社，2012年，第215页。

门在去北京的路上下车，到河南彰德与 28 年未谋面的袁世凯密谈时局国政。

张謇自 1883 年在朝鲜庆军中与袁世凯绝交分手后，一直没有见过面。在后来的立宪运动时期，张謇听闻袁世凯在北洋大臣直隶总督任上推行新政颇有成效，为了争取袁对立宪的支持，便与他恢复了书信往来。这次去京计划，事先告知了袁世凯。1911 年五月十一日下午五时，张謇乘坐的火车抵达彰德，张謇独自下车，由袁世凯派来的仆人和轿子接往袁所居住的洹上村。在与袁世凯密谈了几个小时后，张謇于深夜十二点赶到火车上，继续北行。

张謇日记对当天密谈的记录较为简略："午后五时至彰德，访袁慰廷于洹上村。道故论时，觉其意度视廿八年前大进，远在碌碌诸公之上。其论淮水事，谓不自治则人将以是为问罪词。又云此等事乃国家应做之事，不当论有利无利，人民能安业，即国家之利，尤令人心目一开。夜十二时车宿。"[1]

从张謇简略的记录中，可以捕捉到较为丰富的客观信息。一是张认为袁的见识才能大进，远在碌碌诸公之上；二是从关于治理淮河的谈论中，看出袁很有国民情怀和大局观念，"令人心目一开"；三是"道故论时"四字，说明两人已消除昔日嫌隙，重新建立了信任关系，并对时事政治谈得较为投机。从中可以看出，袁张两人不仅恢复了早年的友情，而且似乎在政治上已结成盟友，据同车的刘垣回忆，"我们同车的人一觉醒来，见张謇登车含笑对我们说'慰廷毕竟不错，不枉老夫此行也'"。由此亦可见，张謇之所以甚为欣喜，一方面是因为袁的表现大有长进，且对自己的态度很好，更主要的是因为他去见袁共商国是的目的达

---

① 张謇：《柳西草堂日记》，李明勋、尤世玮：《张謇全集》第 8 卷，上海辞书出版社，2012 年，第 720 页。

到了，不枉此行。其"论时"乃至应对时局的目的，肯定圆满达到了。难怪在这之后，张对袁赞赏有加，袁对张也甚为推崇。更加意味深长的是，袁后来复出后的施政主张，包括应对辛亥革命中清廷及革命党人的巧妙策略，与张謇的一些观点如出一辙。这里边有多少是袁张二人各自考虑而不谋而合，有多少是二人默契乃至协商而为，很值得进一步探究。

就在袁张密会5个月后，终结大清王朝和整个封建社会的辛亥革命突然爆发了。辛亥革命的胜利也注定了张謇及其所代表的立宪派在历史上成为由正转负、为他人做嫁衣的悲剧角色。张謇本以为立宪是中国稳定富强的最好道路，"立宪所以持私与公之平，纳君与民于轨，而安中国亿兆人民于故有，而不至于颠覆眩乱者也"[①]。但武昌城头的一声炮响，摧垮了封建统治大厦，也毁灭了立宪梦想。而历史的吊诡之处就在于立宪派本想以立宪拯救不争气的清王朝，但由于立宪所催生出的民权思想，及对清廷的强烈不满情绪，却助长了革命势力，从而陷清朝于万劫不复之地。从这个意义上说，辛亥革命的胜利，是清廷的失败，也是立宪派的失败。

正因如此，出于对打断立宪进程的愤怨，以及自身所代表的富裕阶层对社会稳定的期盼，张謇一开始对革命抱有强烈的抵触态度，并想方设法动员各方力量扑灭革命。

辛亥革命爆发的当天，1911年10月10日，张謇恰在武昌，为新收购的大维纱厂开工奔忙。晚八点，他刚登上从汉口开往上海的日本商船，就看到了起义士兵在江边燃起的熊熊大火。晚十点后，轮船缓缓向下游驶去，"舟行二十余里，犹见火光熊熊上

---

① 张謇：《啬翁自订年谱序》，李明勋、尤世玮：《张謇全集》第6卷，上海辞书出版社，2012年，第565页。

烛天也"①。

第二天晚上，张謇到安庆下船，本想按约与安徽巡抚朱家宝商讨导淮问题，可这时谁有心思谈导淮？一天后，他便又匆匆忙忙登船去南京了。

张謇到南京后的第一件事，便是力劝江宁将军铁良派兵"援鄂"，并奏请朝廷立即立宪，以挽危局。铁良让他找两江总督张人骏。但张人骏不但不愿意派兵，反而大骂瑞澂和立宪派误了大事。张謇后来在自订年谱时奋然写道："呜呼！大难旦夕作矣。人自为之，无与于天；然人何以愦愦如此，不得谓非天也。"②

张謇在南京游说派兵无果，只得赶到苏州与江苏巡抚程德全商议，并代为起草《奏请改组内阁宣布立宪疏》，由程德全与山东巡抚孙宝琦联名发出。直到这时，张謇仍念念不忘他的"立宪救国"。疏稿指出，目前革命洪流已无法阻挡，"止无可止，防无可防"，只有马上实行宪政才是唯一的"治本之法"。因此，必须以真正的责任内阁取代不得人心的皇族内阁，严厉处分"其酿乱首祸之人"③，"提前宣布宪法，与天下更始"④。

但是，清王朝气数已尽，任何人采取任何方法均无力回天。后来，清廷虽然很快就宣布实行君主立宪，并立即组成责任内阁（由袁世凯任内阁总理），但依然无法挽回灭亡的命运。正如几年后张謇在一首忆当时惨况的诗中所言："绝弦不能调，死灰不能爇。聋虫不能聪，狂夫不能智。昔在光、宣间，政坠乖所寄。天大军国事，漂瓦供儿戏。酸声仰天叫，天也奈何醉？临危暝眩

① 张謇：《啬翁自订年谱》，李明勋、尤世玮：《张謇全集》第8卷，上海辞书出版社，2012年，第1028页。
② 张謇：《啬翁自订年谱》，李明勋、尤世玮：《张謇全集》第8卷，上海辞书出版社，2012年，第1029页。
③ 张謇：《奏请改组内阁宣布立宪疏》，李明勋、尤世玮：《张謇全集》第1卷，上海辞书出版社，2012年，第229页。
④ 同上

药，狼藉与覆地。烬烛累千言，滴滴铜人泪。"①

悲哀绝望之余，张謇对上海、苏州、杭州等地东南革命形势的观感，又使他燃起了革命后亦可稳定社会秩序和发展经济民生的希望，最终促使他痛下决心转向共和。

11月2日，张謇刚回到通州，第二天上海便发生了革命党人起义。由于江南文化和海派文化影响，革命党人和立宪派都很圆通、理性，这里的"革命"极具上海及东南特色，起义是在革命党人与立宪派领袖及上层绅商联手下进行的。立宪派和上层绅商掌握的商团武装成了起义的中坚力量，与陈其美领导的中国同盟会一道浴血奋战，共同夺取了胜利。起义成功后，革命党人陈其美担任都督，主持军务，立宪派领袖李平书任民政长，主持行政。都督府中有许多立宪派和绅商代表都担任了重要职务。起义后上海的社会秩序和市面都很稳定。

紧随"上海光复"，苏州的官绅和立宪派也宣布脱离清政府而独立，并成立了以原巡抚程德全为都督的江苏军政府，实现了和平起义。军政府中担任要职的大多是立宪派或倾向于立宪派的人士，其中不少是张謇的好友亲信。杭州新军起义后，担任浙江军政府第一任都督的汤寿潜，也是张謇的立宪派亲密好友。

这一切使张謇产生了"山重水复疑无路，柳暗花明又一村"的感觉。他感到革命和革命党人并非如想象的那么可怕，这场革命，或许不但不会使国家遭殃，反而还会给中国带来新的生机。新型的绅商利益亦可能得到维护。他于11月6日打电报给以已奉命攻打湖北民军的袁世凯，劝他与大多数人一道"趋于共和"，尽快与南方达成协议，确立共和政体。同时，他又分别致信铁良和张人骏，劝他们放弃武装反抗。

为了使家乡南通"和平光复"，张謇主动与上海民军取得联

---

① 章开沅：《辛亥著名人物传记丛书：张謇》，团结出版社，2011年，第127页。

系，争取支持。11月8日，沪军都督府派兵船抵南通，张謇的哥哥张詧率绅、学代表和数百名学生前往江边欢迎。通州军政府成立后张詧出任总司令，城内秩序如常，大生企业安然无恙。

东南及家乡南通的顺利光复，使张謇迅速转向共和，而且更有信心和决心谋求全国的革故鼎新。11月13日，他与汤寿潜、熊希龄、赵凤昌等合电张家口商会，转请内蒙古各界人士赞成共和。张謇在电文中第一次公开亮出无保留赞同共和的旗号。电文云："满清退位，即在目前。共和政府成立，人人平等。大总统由人民公举，汉、蒙、满、回、藏五族，皆有选举大总统之权，皆有被选为大总统之资格，较之坐受满清抑制者，大不相同。请诸公将此意宣告蒙族并居库满人，务各同心协力，一致进行。蒙汉同胞，并受其福，伫盼佳音。"①

与此同时，张謇力促关键实权人物袁世凯及时转向共和，他与程德全联名上书并派人当面进言，希望袁世凯不要为清朝尽愚忠愚节，而应向华盛顿学习，成为一代开国伟人。

袁世凯于1911年11月16日接任内阁总理大臣后，任张謇为江苏宣慰使和农工商大臣。这时的张謇已不屑于任清廷的任何官职，他发出《辞宣慰使、农工商大臣电》，指责清廷不肯认真实行立宪，从而激发革命，造成"假立宪和真革命"的悲剧。他表示，在这种可悲可叹的情况下，"尚有何情可慰？尚有何词可宣？"②"人民托庇无方，实业何从兴起？"③他借机向清廷"再进最终之忠告：与其殄生灵以锋镝交争之惨，毋宁纳民族于共和主义之下！必如是，乃稍为皇室留百世禋祀之爱根，乃不为人民遗

---

① 张謇：《致库伦商会及各界电》，李明勋、尤世玮：《张謇全集》第2卷，上海辞书出版社，2012年，第284页。

② 张謇：《致袁世凯电》，李明勋、尤世玮：《张謇全集》第2卷，上海辞书出版社，2012年，第287页。

③ 同上

二次革命之种子"①。在这里，张謇对行将垮台的清王朝的最终忠告，已不是再搞"君主立宪"，而是及时退位，实行民主共和。

面对南北对峙的局面，张謇明智地认识到，非共和无以实现和平。他在 11 月 27 日给友人许鼎霖的信中明确表示："现在时机紧迫，生灵涂炭，非速筹和平解决之计，必至于俱伤。能和平解决，非共和无善策，此南中万派一致之公论。非下走一人之私言。下走何力，岂能扼扬子之水使之逆流。"②

其实，张謇由立宪转向共和，除了是对现实的审时度势，更重要的是，立宪与共和在思想理论上有一脉相承之处。就共和国家理念来说，君主立宪与共和有相当的一致性。它们都主张以宪法契约及法治原则限制国家权力，以维护个人权益、自由和社会正义及秩序。它们都赞同国家组织理论中的分权学说。就国家制度而言，无论是君主立宪，还是民主共和，均包含着依法治国、权力制约、民主参与、政治公开等共同要素。正式摆脱专制、服膺宪政的共通性，成为张謇这样的立宪派转向拥护民主共和的内在动因。正如张謇在《建立共和政体之理由书》中所坦陈："是故国民未能脱离君主政府，只有立宪，请求共和不可得。既脱离君主政府，只有共和，号召君主立宪不可得，亦国势事实为之也。"③ 在张謇看来，君主立宪和民主共和，都是对封建专制的突破，选择哪种形式，取决于君主政府是否存在。清王朝一旦垮台，就必然要实行共和。

张謇是一个遵循自己的理念务实笃行的人。他一旦确立了共和的信念，不仅广为宣传游说，而且以实际行动参与支持共和革

---

① 张謇：《致袁世凯电》，李明勋、尤世玮：《张謇全集》第 2 卷，上海辞书出版社，2012 年，第 287 页。

② 张謇：《复许鼎霖函》，李明勋、尤世玮：《张謇全集》第 2 卷，上海辞书出版社，2012 年，第 287 页。

③ 张謇：《建立共和政体之理由书》，李明勋、尤世玮：《张謇全集》第 4 卷，上海辞书出版社，2012 年，第 200 页。

命派的斗争。当时，全国战略重地张謇的家乡江苏，尚未全部光复。江南提督张勋占据省会南京负隅顽抗。江浙革命联军不得不发动会攻南京的战役。张謇不仅积极参与了战事谋划，还与江苏军政府都督程德全做了分工，由程亲往前线督师，自己则坐镇苏州。他计划一旦攻下南京后，"公推程都督驻南京，趁此并宁、苏为一"①。在南京破城之前，张謇还发电告诉程德全，袁世凯并不绝对反对程统一江苏，打消程的顾虑，坚定其攻占南京的决心。张謇还在江浙联军攻占南京后，以江苏省议会名义送牛50头、酒千瓶，以通海实业公司名义送钱6000元、面千袋、布千匹，以示犒赏。在汉阳失守，武昌危在旦夕的情况下，起义军成功攻占南京，显示了革命党人的实力和地位，迫使袁世凯改变观望、拖延的态度，尽早转向南北议和，逼迫清廷退位。同时，也促使宣布独立的各省代表，最终决定将临时政府设于南京，并在南京召开代表会议，选举临时大总统。

与此同时，张謇与赵凤昌等东南精英还从理论上论证中国实行共和的必要性，合理性，大造即行共和的舆论。针对有人宣扬中国国民文明程度不高，不宜实行共和的论调，他则有力反驳道："国民程度由一国之政治制造而成"②，"有共和政治，然后有共和程度之国民。英法革命，改建共和，皆为反抗压制事实之结果，非先有共和程度而为之也"③。所以，共和政体的建立与国民程度之高下无关，而取决于能否脱离君主统治。张謇于1911年12月14日断然剪掉了作为清朝臣民的辫子，标志着他与清王朝的彻底决裂，也表明他将完全摆脱君主统治体制，无保留地投向共和。

张謇顺应历史潮流，由维新而立宪，由立宪而共和，这种与

---

① 李志著：《赵凤昌评传》，上海古籍出版社，2019年，第112页。
② 同上
③ 同上

时俱进的"多变",不但没有使他的政治形象黯然失色,反而使他赢得了巨大的社会声望。在此基础上,再加上他雄厚的财经实力,以及广泛的人脉资源和稳健务实的政治风格,使得清廷、袁世凯、共和革命派都十分看重他,甚至都依赖他发挥不可替代的调和沟通作用。因此他也由以往的"通官商之邮",变成了"通南北之邮"。这也给了他"一手托三家","折冲尊俎"①的条件。

孙中山、黄兴等革命领导人,对从立宪转到共和的张謇十分尊重。借此条件,张謇在南北议和及共和国初创期间,对革命党人做了许多极有影响的工作。1911年11月底,武昌起义军首领黄兴在汉阳失陷后负气跑回上海。12月2日,张謇一到上海便与黄兴、章太炎、宋教仁、于右任等革命党高层领导晤谈,酝酿建立临时政府。两天后(12月4日),暂居上海的各省代表便推选黄兴为临时政府大元帅,黎元洪为副元帅。这次选举的幕后运作者就是张謇和赵凤昌。后来虽改黎元洪为大元帅,黄兴为副元帅,但临时政府的基本框架已定,并准备在南京成立。

1911年12月25日,孙中山从国外回到上海,当天张謇就拜会了孙中山。12月29日,各省代表在南京公举孙中山为临时大总统。

1912年1月1日,孙中山到南京就任临时大总统,张謇也在这一天到达。随后,张謇出任临时政府实业总长。1月3日,孙中山与张謇商议有关大政方针,张謇希望孙中山立足实际,务实从事,而不要总是只讲"予不名一钱也,所带回者革命之精神耳"②。张謇在当天日记中,对孙中山的评价是"未知崖畔"③(有点"不着边际"的意思)。

---

① 《晏子春秋·杂上》及《战国策·齐策五》。
② 李刚:《孙中山和他的革命历程》,《中国报道》2011年第10期。
③ 张謇:《柳西草堂日记》,李明勋、尤世玮:《张謇全集》第8卷,上海辞书出版社,2012年,第732页。

　　尽管孙中山、黄兴等革命领袖对张謇很看重，张謇却对他们及其所进行的革命持保留态度。他认为，南京临时政府只是临时过渡政权，一旦清廷退位，就应将权力和平移交给袁世凯。甚至新政府就可设在北京，而不必像革命党人所要求那样设在南京。他在当年2月10日写成的《革命论（上、下篇）》中，把中国历史上历次革命起义分为圣贤、豪杰、权奸、盗贼四个层次。他认为，只有远古的汤武革命才可看出是圣贤革命，其他都不足为训。他规劝革命党人搞"圣贤革命"①，而不要使革命流于"权奸、盗贼"②之间，"自蹈于厉与凶、悔与亡"③。他郑重告诫道："使革人之命，而上无宽仁智勇文武之君，下无明于礼乐兵农水火工虞之佐，则政教号令，旧已陈而新无可布，布者复不足以当王泽而餍民望，其愈于不革者几何。"④

　　张謇的这些思想言论，代表了由立宪转共和的绅商、士人、官员的主张，迎合了当时的社情民意，对革命党人形成了较大的影响和压力。孙中山等人后来基本上按照和平过渡、理性交权、同创共和的路子，完成了革命后的民国初创。南北统一后，孙中山自认为已完成了汤武式"圣贤革命"，便全身心地投入到他一贯钟情的"十万里铁路"建设中去了。

　　就张謇与袁世凯的关系而言，自"新政"时期以后，张与袁已逐渐放弃前嫌，恢复信函往来。后来，由于两人在立宪问题上的政见趋同，且又需相互利用，两人的关系更为融洽。特别是辛亥年五月在彰德会见密谈后，两人似有惺惺相惜之感，甚至可以说已在政治上达成了默契，结成了非正式的同盟。辛亥革命爆发后，张謇出于对国家前途的考虑，不断对袁世凯建言献策，甚至

---

　　① 张謇：《革命论》1912年，李明勋、尤世玮：《张謇全集》第4卷，上海辞书出版社，2012年，第207页。
　　② 同上
　　③ 同上
　　④ 同上

出谋划策，既帮了袁世凯，又影响了袁世凯。

1911 年 12 月 6 日，醇亲王载沣引咎辞职，隆裕太后垂帘听政，袁世凯独揽大权。张謇希望袁世凯与南京革命党人议和，逼迫清廷退位，完成共和。当袁世凯的北洋军攻陷汉阳，兵临武昌时，张謇建议不要再进攻。他说"项城不克汉阳，不足以自立；并克武昌，实在可恶"[1]。言下之意，袁世凯不拿下汉阳，不足以显示他的能耐和独树一帜的地位，但如果再拿下武昌，就会坏了南北议和以成共和的大局，也会坏了袁世凯的英明伟业。

袁世凯也非等闲之辈。他在攻克汉阳后，一面用炮火轰击武昌都督府，以威吓起义军，一面通过英国领事向黎元洪交涉停战，抛出橄榄枝。随后，他派出南方能接受的和谈代表唐绍仪与临时政府谈判，他还特别嘱咐唐绍仪，到上海"先晤张謇探其意旨"。

唐绍仪与南方代表伍廷芳于 12 月 27 日开始了议和谈判，正式会谈的地点是上海英租界的议事厅，唐绍仪却经常到赵凤昌的私宅惜阴堂与南方人士张謇、黄兴、汪精卫等人密谈。赵凤昌、张謇这些老立宪党人，已同时受到了袁世凯与革命党人的信任和器重。可以说，最终影响中国大局和历史走向的南北和谈，就是在赵凤昌和张謇这些人的精心运作下促成的。所以，后来有人称他们是中华民国的"助产士"和"立国者"。

刘厚生在《张謇传记》中谈道：在赵凤昌去世后，张謇曾撰祭文一篇，文曰"南阳路北，有楼三楹，先生所居，颜曰惜阴。惜阴斋舍，满座宾朋，呱呱民国，于此诞生"[2]。清末民初著名社会贤达沈恩孚，也赋诗高度赞扬了张謇、赵凤昌等人"共和建国佐群贤，功在清廷逊位前"。

---

① 章开沅：《辛亥著名人物传记丛书：张謇》，团结出版社，2011 年，第 141 页。
② 刘厚生：《张謇传记》，上海书店，1985 年。

唐绍仪曾对人说过：民党中人对国内情形并不怎样熟悉的，张謇是提倡实业救国的新人物，黄、胡、汪等民党领袖对张謇不仅慕名，而且很佩服，很重视。他们为了熟悉情形，有不少事要请教张，而张往往趋而谋之赵凤昌。张每自南通来沪，必住赵家，这样民党中人自然敬重赵了。在和议过程中，每星期总有一天或两天，程德全、汤寿潜、张謇、汪兆铭、陈其美等在赵家聚会。

1912 年 1 月初，南方成立临时政府，孙中山被推选为临时大总统，北方质疑、反对声浪四起，有人甚至主张再启战端。袁世凯对此局面，既不悦又无奈，甚至准备辞职。张謇与袁世凯派往南方的宣抚大臣张绍曾会晤，相互摸底商讨。之后，张謇便电告袁世凯："甲日满退，乙日拥公；东南诸方，一切通过。"①"愿公奋其英略，旦夕之间，勘定大局，为人民无疆之休，亦即为公身名俱泰无穷之利。"② 张謇设身处地为袁世凯着想，安慰他东南方面没有问题，只要逼使清帝退位，马上就会拥戴他，他便可建不世之功，名垂青史。袁世凯的复电虽然没有马上答应张謇的要求，只是叙述自己的为难之处，但内心已准备有所行动。张謇赶忙劝袁世凯逼清廷退位，"绝旧人之希望"，"去公之障"，并建议鼓动前敌各将领依计行事，授意段祺瑞领衔前线 40 多名将领于 1912 年 1 月 26 日电请清帝退位。致电清廷明降谕旨，立定共和政体。这是对清廷的致命一击。本想拖延观望的清廷，不得不在半个月后下诏退位。

滦州起义发生后，张謇即与汤寿潜联名致电北方将领，明确指出："南北一致趋向共和，适见诸公连章，不啻双方代表，和平解决，已可继葡萄牙之功；统一维持，尚望作华盛顿之助。人

① 张謇：《致袁世凯电》，李明勋、尤世玮：《张謇全集》第 2 卷，上海辞书出版社，2012 年，第 309 页。
② 同上

民有希望于正当之军队，而军队重；军队能以正当慰人民之希望，而军队愈重。全国之福，不世之勋，惟诸公图之。"① 这话实际上也是对袁世凯说的。

不久，袁世凯便拿定了主意。在南北和谈开展之前，他的亲信洪述祖就向赵凤昌说过袁的"建国"大计："一方面挟北方势力与南方联络，一方面借南方势力以挟制北方……制造共和局面。宫保为第一任大总统，公（唐绍仪）为内阁总理"。

1912 年 2 月 12 日，隆裕太后在袁世凯和全国革命形势的逼迫下，终于颁布诏谕，正式宣布清廷退位。至此，南北议和告成，全国和平统一，延续 2000 多年的封建帝制和 200 多年的清朝统治，宣布永远结束。

1912 年 2 月 15 日，清帝退位的第三天，袁世凯就接替孙中山，当了临时大总统。张謇随即致信袁，要他在组阁时注意：其一，除军队外，不能将以前的亲信都置之左右；其二，希望袁尽量吸收各界人士合一炉而治，"以示廓然之公论"；其三，化解一些人与同盟会的恩怨，赞助与同盟会亲近的人，以便于沟通。② 同时，他告诫袁世凯"不欲南（不来南京任职）之意，不出其口，方可有效"③。他为袁不能南来，找出两个冠冕堂皇的理由，"一面有北数省人民，一面有在京外交使团"。另外，希望袁世凯不要授予自己行政职务，因为一旦他"侪于国务，则不能发挥其在野'遥为声援''拾遗补阙'的作用……"④ 最后他说"余俟专函续详"⑤，意思是还要继续出谋划策，当袁世凯的"山中宰相"。袁世凯对张謇的建言献策十分看重，以期在朝野中所发挥特殊

---

① 张謇：《与汤寿潜复北方将士电》，李明勋、尤世玮：《张謇全集》第 2 卷，上海辞书出版社，2012 年，第 309 页。
② 李志茗：《赵凤昌评传》，上海古籍出版社，2019 年，第 137 页。
③ 同上
④ 同上
⑤ 同上

作用。

就张謇与清廷的关系而言，作为清朝皇帝钦定的科举状元，张謇对清廷的知遇之恩一直念念不忘。他又是一个恪守传统道义的儒家君子，对清廷的忠诚是毋庸置疑的。宣统元年，当有人激愤地批评行将垮台的清王朝，"以政府社会各方面之见象观之，国不亡无天理"。张謇则愤然反驳，"我辈尚在，而不为设一策，至坐视其亡，无人理"①。即使在他所热衷的立宪运动被昏聩无能的执政者阻挡延误时，他还是对他们发出了由衷的忠告，而清廷对张謇亦充满了信任和期待。

后来，当革命发生、共和甫定的关键时刻，张謇亦能对清廷发出使之动心的最终忠告。在1911年的11月11日，张謇与伍廷芳等四人联名致电摄政王载沣，表示："大势所在，非共和无以免生灵之涂炭，保满汉之和平。国民心理既同，外人之有识者议论亦无异致，是君主立宪政体断难相容于此后之中国。为皇上、殿下计，正宜以尧舜自侍，为天下得人。倘荷幡然改悟，共赞共和，以世界文明公恕之道待国民，国民必能以安富尊荣之礼报皇室，不特为安全满旗而已。否则战祸蔓延，积毒弥甚，北军既惨无人理，大位又岂能独存？"②

11月18日，张謇又致电内阁，并请内阁代奏朝廷，要求实行共和、清帝逊位。电文称："以此时顺天人之归，谢帝王之位，俯从群愿，许认共和。昔尧禅舜，舜禅禹，个人相与揖让，千古以为美谈。今推逊大位，公之国民，为中国开亿万年进化之新基，为祖宗留二百载不刊之遗爱，关系之巨，荣誉之美，比诸尧舜，抑又过之。列祖在天之灵，必当歆许。论者获以兹事体大，

---

① 张謇：《柳西草堂日记》，李明勋、尤世玮：《张謇全集》第8卷，上海辞书出版社，2012年，第690页。

② 张謇：《与伍廷芳等致载沣电》，李明勋、尤世玮：《张謇全集》第2卷，上海辞书出版社，2012年，第283页。

宜开国民会议取决从违。窃以为不经会议而出以宸裁，则美有所归，誉乃愈大。至于皇室之优待，满人之保护，或阁臣提议，国会赞成，立为适宜之办法，揆人之道，无不同情。"①

在内外交困走投无路的绝境之中，清廷听了张謇这番看似入情入理、体谅入微的规劝，不可能不予以认可，乃至于嘉许。事实上，后来的皇室退位诏书基本上也是按这个意思表达的。

在这里顺便说一下，一直有一种流传甚广的说法，说清廷的退位诏书是张謇代拟的。其实并非如此。张謇当时已是清廷的局外之人，甚至与革命党人一起共谋共和建国大计，清廷不会找他担当内宫秘书的角色。他也从来没有对人讲过，或在日记中记录过此事。当然，清廷退位诏书的内容确实与他的进言规劝相似。张孝若所写的传记中有一段记述，有可能使人误认为退位诏书起草是张謇所为。

张孝若著的《南通张季直先生传记》中写道，张謇不仅要重新建国，"还要帮清室善后，计策万全"②，"与其用尽气力保这已经摇动没有把握的帝位，何不玉成他历史上礼让的美名，留一点情感来订优先的条件。所以我父用了不少的力，方才得各方的同情。不久内阁即日逊位的复电，来到我父手中了：'前因民军起事，各省回应，九夏沸腾，生灵涂炭。惟命袁世凯为全权大臣，遣派专使与民军代表讨论大局，议开国民会议，公决政体。乃旬月以来，尚无确当办法，南北暌隔，彼此相持，商辍于途，士露于野，徒以政体一日不定，故民生一日不安。予惟全国人民心理，既已趋向共和……更何忍佟帝位一姓之尊荣，拂亿兆国民之好恶。予当即日率皇帝逊位，所有从前皇帝统治国家政权，悉行

① 张謇：《致内阁电》，李明勋、尤世玮：《张謇全集》第 2 卷，上海辞书出版社，2012 年，第 289 页。
② 张孝若：《最艰难的创业者：状元实业家张謇传》，新世界出版社，2016 年，第 151 页。

完全让与，听我国民合满、汉、蒙、藏、回五族，共同组织民主立宪政治。务使国家一致治于大同，蔚成共和之治，予与皇帝，有厚望焉。'"[①] 这个"内阁复电"，显然不能等同于后来清廷正式颁布的退位诏书。而且这个"复电"流传着几种版本，原稿也始终没有发现（尽管张孝若说据胡汉民告诉他，这是张謇所拟，原稿藏于赵凤昌的惜阴堂）。近年来，在日本静嘉堂文库《袁氏密函》中收录的袁世凯手批清帝逊位诏书的原件，也不是张謇拟的《内阁复电》和张謇家藏传抄本《拟清帝逊位诏》。

无论张謇是否代拟了清帝退位诏书，在迫使清王朝退出历史舞台，创立亚洲第一个共和国的过程中，都发挥了至为关键的作用。他一劝清廷顺应大势，及时体面退位；二劝袁世凯权衡利弊得失，支持共和，做华盛顿那样的名垂千古开国元勋；三劝革命党人认真议和，理性妥协，和平过渡，以实现全国的统一和安定。在张謇等人的努力下，最终形成了即使不是皆大欢喜，也是各方能接受的局面。革命党人宣告革命成功，清室在紫禁城内安享尊荣，袁世凯当了首任正式大总统，老百姓免受战乱之苦。张謇自身在完成由君主立宪到民主共和蜕变的同时，也促成了中国封建制度向现代政治制度的转型变革。

在推翻帝制，创建共和不久，有人就在《申报》上称赞张謇、赵凤昌等人："武昌起义，东南响应，诸先生乃乘时奋起，身在民军重要职务，以为天下倡。于是，天下之士仰望诸先生风采者，以为诸先生老成硕望，且不惜身家性命以为之。其人之纯粹无疵，其事之美善而无可非议，逐为天下所共信，使天下之人群趋于革命之一途。不数阅月而南北统一，共和告成，是英雄事

---

① 张孝若：《最艰难的创业者：状元实业家张謇传》，新世界出版社，2016 年，第 151 页。

业，圣贤经纶，固如是也。"①

1912年3月6日，袁世凯在北京宣誓就职民国临时大总统，这正是张謇所期盼并尽力促成的结果。随后，张謇便以非官方的身份，帮助和配合袁世凯稳权施政。他与赵凤昌等人商议并运作，形成了对袁世凯有利的唐绍仪内阁组成人员方案，他还谋划成立了以统一党和民社为基础的共和党（后与梁启超的民主党合流，变为进步党），成为袁世凯的重要的政党支柱；他还煞费苦心地协助袁世凯了结南京留守政府和裁撤革命军队；他甚至还在宋教仁被刺案发生后，积极进行南北调和，并极力帮助袁解围。

1913年，内阁总理赵秉钧因宋教仁案辞职，袁世凯希望时任热河都统的熊希龄接任，但熊一面婉辞，一面推荐张謇担任内阁总理，称"能胜其任者，应以张謇为最适宜"。张謇坚辞不应。后来，熊希龄在包括袁世凯、张謇等多方人士的力荐下，还是当了内阁总理。他在组织"第一流经验与第一流人才之内阁"时，力荐张謇出任实业总长。1913年10月，张謇在熊希龄和袁世凯的多次恳请下，出任熊希龄内阁的农商总长（至1915年11月辞职）。在两年任职期间，张謇以中央政府高官的身份做了许多利国利民的好事要事，尤以下五个方面最为突出：

一、确立中国经济发展的总体指导思想。他认为"实业之命脉，无不系于政治"②，因而要竭力为经济发展营造良好的政治环境。他在就职施政讲话中，特别强调要抓好四件事：乞灵于法律；求助于金融；注意于税则；致力于奖助。③

二、大力立法，依法保护产业发展。他认为，"法律犹如轨道，产业入轨道则平坦正直，毕生无倾跌之虞；不入轨道，随意

---

①《毛安甫、陆吟生致函程雪楼、张季直、伍秩庸、毛人文，汤萤仙、赵竹君诸君函》，《申报》1912年3月27日第7版。

②张謇：《实业政见宣言书》，李明勋、尤世玮：《张謇全集》第4卷，上海辞书出版社，2012年，第258页。

③同上

奔逸，则倾跌立至"①，"故农林工商部第一计划即在立法"②。他领导制定了银行法、权度法、典当法、国币条例、证券交易法、中国实业公司条例、工商保息法、商人通例放行细则等数十部法律法规，占民国政府早期立法的百分之七十。

三、倡导市场经济，鼓励实业民办私营。他一上任就表示："謇意自今为始，凡隶属本部之官业，概行停罢，或予招商顶办。惟择一二大宗实业，如丝、茶、改良制造之类，为一私人或一公司所不能举办，而又确有关于社会农工商业之进退者，酌量财力，规画（划）经营，以引起人民之兴趣，余悉听之民办。"③（这颇有点像我们今天所说的，除少数关于国家经济命脉的重点行业外，一律鼓励民营。）

四、秉持"开放主义"，主张通过合资、借款、代办三种方式引进外资。他认为"外债可借，但借时即须为还计，用于生利可，用于分利不可"④"不可丧主权"⑤。他在1914年1月，以全国水利局总裁的身份，首先和美国红十字会签订导淮借款2000万美元，后来又与美孚石油公司定了3500万美元的借款合同，组织中美实业公司开发陕西等地油矿。他还计划与美方合办银行、航业，与法国筹建中法劝业银行等。

五、切实推进机构改革和职能优化。他把农林、工商两部合并为一个部，把八个司定为三司一局，并大量精简人员。他还依据现代经济行政管理原理，把工作重点放在宏观指导和勘察规划方面。

---

① 张謇：《致商会联合会函》，李明勋、尤世玮：《张謇全集》第2卷，上海辞书出版社，2012年，第438页。
② 张謇：《实业政见宣言书》，李明勋、尤世玮：《张謇全集》第4卷，上海辞书出版社，2012年，第258页。
③ 张謇：《宣布就部任时政策》，李明勋、尤世玮：《张謇全集》第1卷，上海辞书出版社，2012年，第257页。
④ 黄鹤群：《近代对外开放的先驱者——张謇"利用外资以振兴实业"的思想与实践》，《江南论坛》，2003年第6期。
⑤ 同上

张謇在农商总长位置上尽心尽力干了两年后，发现政坛日趋昏暗，袁世凯对内解散国会，意欲称帝；对外与日本谋划签订丧权辱国的《二十一条》。于是，他于1915年秋天，不顾袁世凯的再三挽留，毅然辞官回家乡南通搞地方自治去了。后来当驹井德三问及他为何主动辞职时，他说："予为事业生，当为事业死，虽曾就农商总长一职，然此不过为完成事业之一经过耳。"① 这让日本人感佩不已。

由上述可知，1895年到1915年这20年，是张謇在政治上最为活跃、用力最多、也最有成就的时期，亦可称作张謇政治活动的鼎盛时期。他围绕自己的强国富民理想，活跃于朝野，奔波于南北，立足江苏、背依东南，搅动全国，为中国政治的正向演进和历史转折，做出了不可替代的重大贡献。

张謇兴办实业，热心政治，均是为了国家的强盛、民族的兴旺、社会的进步，均出自非同一般的爱国主义情怀。只要能救国强国，无论是经商办厂，还是当官从政，他什么都愿意做。他既是实业救国论者，更是政治救国论者。他既是优秀的企业家，更是杰出的政治家。他进则搞全国的大政治，顾及地方；退则搞地方的小政治，影响全国。他以"治国、平天下"为己任，与时俱进地探索和开拓以政治现代化促经济现代化的艰难而伟大的道路。

综上所述，张謇在中国近代政坛上十分活跃，影响甚远。这是一般的企业家，乃至政治家所不能比拟的，这也是他最为了不起的一个方面。从张謇一生从事政治活动的情况来看，可大致分为三个阶段，概括出三个特点，得出三点启示。

① 张孝若：《最艰难的创业者：状元实业家张謇传》，新世界出版社，2016年，第231页。

一、张謇政治活动的三个阶段

（一）参政从政的预备期（1874—1894 年，约 20 年）

22 岁到 42 岁期间，可以看作张謇参政的第一阶段，即在地方上参政理政的见习期，丰富政治资源的积累期，准备冲顶最高学位（中央最高后备干部）介入全国政治的"预备期"。从此，他在政治上开始了进进退退。

22 岁张謇任江宁发审局书记即涉足官场（一进）。24 岁至 32 岁，任清军首领吴长庆幕僚（30 岁时曾随吴长庆赴朝鲜平乱，结识袁世凯等后来在中国政治舞台上产生重要影响的人物）。由此，张謇政治眼界大开，初步展现了政治、军事、外交方面的才华。35 岁，张謇为开封知府孙云锦幕僚并受河南巡抚黎文卫委托主持黄河防灾抗洪计划，草拟疏塞大纲。

36 岁时张謇回到家乡（一退）。在备考赶考的同时，一面帮助家庭和当地农民开展蚕桑、林木等商业经营活动，一面组织参与地方上的士绅商贩减免丝捐、布捐的抗争活动，及筹办地方武装防卫组织——"滨海渔团"等。

一般都认为张謇告别官场回乡备考（包括"南不拜张，北不拜李"）是因为厌恶了官场的险恶和腐败，一心想远离政治，专心读书，做一个纯粹的读书人。其实他念念不忘的仍是强国富民推进全面现代化。他准备考状元，亦是为了更好地发挥政治作用和政治作为，实现政治抱负。

（二）政治活动的鼎盛期（1894—1915 年，约 21 年）

1894 年，张謇 42 岁高中状元后，任翰林院修撰，正式步入正规的政治轨道，并在全国性的政治舞台上大放异彩（二进）。

当年，他在中日甲午战争即将爆发的关键时刻，支持老师翁同龢的主战主张，并积极为其出谋划策，奔走呼应。同时他以极大的政治勇气和强烈的爱国情怀，上书痛斥李鸿章的主和主张，这使他名动朝野、誉满天下。

1894年张謇因父亲去世，回乡丁忧三年（二退）。此间，张謇任职总办通海团练，兴办地方海防武装。

《马关条约》签订后，海防团练撤销，张謇受两江总督张之洞委派，"总理通海一带商务"，逐步走上实业报国的道路。他还借此之便，为花布商人义办认捐减负，经营义庄、社仓等，兴办各项民生事业，这是他后来在南通搞以社会改良和政治改造为主旨的全面地方自治的发端和预演。

1898年丁忧期满，张謇回京到翰林院销假复职（三进），恰好遇上震惊中外的"戊戌变法"。张謇是帝党首领翁同龢的门生"翁门六子"之一，一到北京便毫不犹豫地支持老师的变法维新。翁和张都是老成持重的改良主义者，他们既支持康有为、梁启超等维新派的基本主张，但又不赞成康梁的急躁冒进的做法，甚至也不同于后来几乎全盘接受康、梁意见的光绪。

在翁同龢被开缺回籍时，张謇以宁武子"自愚得当，进退自如"的故事劝说翁同龢，实际上也反映了自己的内心世界和一贯的处事态度：达则兼济天下，穷则独善其身，进则从政，退则经商。

张謇在劝说翁同龢南归的同时，也为自己找到了一条"愚不可及"的既避祸又坚守责任的道路——回家乡大搞实业（三退）。

张謇虽然远离北京政治漩涡中心，但并非从此不再过问政治，不再担任官职。张謇在家乡一面努力办厂经商，同时兼任江苏商务局总理等职。

戊戌变法失败以后，全国陷入混乱，义和团运动爆发，使局势更加复杂，英法联军也从天津打到北京，眼看战火就要蔓延到全国。为保全我国经济最繁荣发达的东南地区，东南各省督抚、洋务派官僚、新式绅商等通力合作推动"东南互保"。其间张謇不仅积极呼应，还在关键时刻发挥了独特的作用（四进）。

1900 年底，朝廷迫于内外压力决定搞变法和新政。12 月 23 日，刘坤一即电邀张謇等人会聚南京，商谈要政，张謇积极献计献策，于 1901 年 2 月写成《变法平议》。他满怀爱国热情，顺应时代潮流，公开地站在了新党一边。后《变法平议》不被采纳，张謇退回家乡继续办实业（四退）。

为了进逼朝廷真正搞变法和新政，1903 年以后，一些政治精英和社会贤达人士掀起了全国性的立宪运动，张謇凭借显赫的身份、声望，已有的社会影响力以及出众的政治才能，很快就成了立宪派的关键骨干和实际领袖（五进）。

张謇在立宪运动中主要做了三件事：一是进行立宪考察研究和宣传鼓动，1903 年去日本时，考察了日本的君主立宪制度，回国后便呼吁仿照日本明治维新进行政治改革，并编译《日本宪法》等分送朝野各方，包括呈慈禧太后；二是成立上海立宪公会和江苏咨议局，直接组织推动立宪运动；三是发起组织了三次全国性的早开国会请愿活动，迫使清廷同意提前三年于 1913 年召开国会，并且预行组织责任内阁。

1910 年因不满清廷不真心搞立宪，以及与江苏督抚发生矛盾，张謇辞去江苏咨议局议长职务。（五退）

张謇本人在晚年编写自己的年谱中写道："一生之忧患、学问、出处，亦常记其大者，而莫大于立宪之成毁。"① 说明他最看重的还是政治救国，认为自己的主要事业和成败在政治。

1911 年，辛亥革命爆发，以黄兴为首的革命党人在武汉宣布共和。同年 11 月 16 日，迫于无奈的清廷就把军政大权交给了袁世凯，让他组织内阁，稳定局面。

这种情况下，张謇的角色也开始发生变化：原来是"通官商

---

① 张謇：《啬翁自订年谱序》，李明勋、尤世玮：《张謇全集》第 6 卷，上海辞书出版社，2012 年，第 564 页。

之邮",在官府和商人之间当"邮差"、当沟通的桥梁;现在要"通南北之邮",力促南北议和,实现和平统一。张謇凭借他与日俱增的社会声望,加上雄厚的财经实力,以及广泛的人脉资源和稳健务实的政治风格,使得清廷、袁世凯、共和革命派都十分看重他,甚至都依赖他发挥不可替代的调和沟通作用,这也给了他"一手托三家"的条件。(六进)

1912 年 1 月 1 日,孙中山就任临时大总统。1 月 3 日,张謇就任南京临时政府实业总长,同年 2 月张謇因不满南京临时政府对汉冶萍公司归属问题的处理,且感到"时局未定,秩序未复,无从言实业也"[①],从孙中山政府辞职。(六退)

1912 年 2 月 12 日,袁世凯逼清帝退位。3 月份,袁世凯当权,张謇积极为之出谋划策。1913 年熊希龄任总理,组建了一个"名流内阁",张謇就任农商总长兼水利局总裁(七进)。

张謇在农商总长任上政绩独特。一是确定中国经济发展总体指导思想。二是大力立法,依法保护产业发展。三是倡导市场经济,鼓励民办私营。四是秉持"开放主义",主张通过合资、借款、代办三种方式引进外资。五是切实推进机构改革和政府职能优化。1915 年 11 月,因与袁世凯政见不合而辞职(七退)。

(三)政治活动特殊时期[致力南通"小政治",集中推行地方自治(1915—1926 年,约 11 年)]

张謇不仅搞实业、教育、慈善、公益,还搞城市建设和市政管理,创建了地方自治的"南通模式"。

让人称奇的是,他还搞自己的警卫队,花钱改造监狱、驻军营房,建妓女改造所和戒毒所等。他破天荒地发动民众选举,成立了全国第一个省以下的"准议会"——通州议事会,并亲任议

---

① 张謇:《柳西草堂日记》,李明勋、尤世玮:《张謇全集》第 8 卷,上海辞书出版社,2012 年,第 732 页。

长。议事会及随后的地方自治会成立后，设置测绘局、调查户口事务所、法政讲习所、清查公款公产事务所等一系列"准政府"机构，干了许多政府应该做的事情。南通模式既是区域发展模式，也是地方政治模式和结晶。

二、张謇政治生涯的三个特点

（一）爱国追求放首位

纵观张謇的一生（我们刚才总结梳理出的三个政治生活的主要阶段），他践行儒家以天下为己任的理念，又融入现代爱国主义精神，始终把爱国追求放在首位。而这个爱国追求，实际上就是救亡图存，强国富民，希望中国尽早尽快地迈上现代化发展道路。

（二）正确看待做官与做事

在张謇看来，做官为了做事，不能做事就不做官。为了做事的需要，他愿意做官甚至做大官。1914 年 2 月熊希龄辞职的当天，杨士琦询问张謇是否与总理"同进退"，张謇明确答复："就职之日，即当众宣布，余本无仕宦之志，此来不为总理，不为总统，为自己志愿。志愿为何？即欲本平昔所读之书，与向来究讨之事。志愿能达则达，不能达即止，不因人也。"[1] 也就是说，为了实现自己的志愿，还是希望继续做官，而 1915 年，因不满袁世凯的内政外交举措，张謇不顾袁世凯等人的再三挽留，愤然辞职。

张謇把做官看成做事（救国、强国）的手段，而当做官不能为做事的目的服务时，他便会弃官职如敝屣。他分别从清政府、孙中山临时政府、袁世凯政府多次辞官的主要原因就是感到不能

---

[1] 张謇：《啬翁自订年谱》，李明勋、尤世玮：《张謇全集》第 8 卷，上海辞书出版社，2012 年，第 1034 页。

做事。当然，不做官照样秉持儒家家国情怀做事。1911 年，在摄政王载沣召见张謇时，他说自己 10 多年来，"虽未做官，未尝一日不做事"①。

（三）妥善处理政商关系

张謇事业上成功的主要原因之一，就是非常用心且擅长处理政商关系。

一是用足用活中央政策，以利于自己的事业发展。如他充分利用清廷颁布的允许和扶持地方自治的政策，推行南通地方自治；如他利用清廷宣布的允许各省州成立地方立宪机构而积极筹办江苏咨议局，然后利用江苏咨议局这个平台，积极争取地方议会立法权和推动召开国会请愿活动等等。他还充分利用在创办大生纱厂时清廷赋予他的优惠政策积极培育大生系列企业，迅速做大做强大生集团，并占据通海地区乃至东南一带市场（几乎是垄断）等等。

二是搞好与各级政府及官员之间的关系。张謇有儒家的学养，再加上他本身也是官员出身，长期从政参政，所以他善于与各级政府及官员打交道，并利用这一点为发展自己的事业服务。

三是以政兴商。作为"言商仍向儒"的企业家，张謇总是能够从政治上看待国家的经济和自身企业的问题，并善于借助政治影响，改善经济环境，为经商创造良好条件。

四是以商促政。张謇把尧舜看作值得自己学习的中国最早的"实业政治家"。他坚持以实业为基础，增加他在政治上的影响力和说服力，从而促进实业、教育、慈善等事业，推进南通地方自治，实现建设现代化的理想抱负。

① 张謇：《啬翁自订年谱》，李明勋、尤世玮：《张謇全集》第 8 卷，上海辞书出版社，2012 年，第 1027 页。

三、对当今企业家的三点启示

目前，我们所处的时代，以及企业家面临的状况，与张謇时期完全不一样了。我们没有必要，也没有可能像张謇那样投身政治活动，照搬他的那一套政商做法。但他当年的实践经验，在注入新的时代内涵时，照样会给予我们许多有益的启迪。比如：

（一）执行好、运用好党和国家的方针政策

治国理政的大政方针，决定国家的政治方向，也决定企业的兴衰成败。对于时刻在市场经济中冲锋陷阵的企业家来说，不仅要执行好政策，而且要充分运用好政策，抢抓政策机遇和红利。企业家应及时了解和把握最新的相关政策，把有利于企业发展的政策用足用活。

（二）关心政治，积极参与和促进国家民主与法制的建设

国家好，政治环境好，经济环境好，企业才会好。企业家应衷心拥护党的领导、积极帮助改善党的领导，积极促进国家治理体系和治理能力现代化。

（三）形成新型的亲清政商关系

习近平总书记在 2016 年就指出，新型政商关系，概括起来说就是"亲""清"两个字。对民营企业家而言，所谓"亲"，就是积极主动同各级党委和政府及部门多沟通多交流，讲真话，说实情，建净言，满腔热情地支持地方发展。所谓"清"，就是要洁身自好，走正道，做到遵纪守法办企业，光明正大搞经营。当今企业家对政府及官员的态度，应该做到：亲而不俗（亲近友好不庸俗）；敬而不远（尊敬而不疏远）；靠而不等（不消极等、靠、要，在政策扶持、要素配置、指导服务等方面主动争取）。张謇认为，理想的"官商关系"是官员和商人各司其职，又相互支持，共同为国家、民生服务，而不是合流共谋攫取私利。因而，不可"不当通而通"，也不能"不当隔而隔"。

只手打造 "第一城"

　　张謇还有一个特别了不起的地方，就是凭一己之力，将他的家乡南通从一个不起眼的闭塞小县，建设成为举世瞩目的、在当时中国具有一流现代化水准的明星城市，即现在所说的"中国近代第一城"。遍观古今中外，卓有成效的优秀企业家数不胜数，腰缠万贯甚至富可敌国的企业家也为数不少，但只手打造同时代最先进城市的，恐怕唯有张謇一人。

一、什么是"中国近代第一城"

　　何为"中国近代第一城"，按照两院院士、建筑学界泰斗吴良镛老先生的说法就是："南通是中国早期现代化的产物，它不同于租界、商埠或列强占领下发展起来的城市，是中国人基于中国理念，比较自觉的、有一定创造性、通过较为全面的规划、建设、经营的第一个有代表性的城市。"这是他发表于 2003 年第六期《清华大学学报》上的一篇文章中的话。这个观点较为新颖独特，也较为严谨，至今仍可看作对"中国近代第一城"的权威论述。

　　关于"中国近代第一城"的话题，首先源于笔者与吴老先生的一次交谈。2002 年 7 月 26 日，年届八十的吴先生第一次来南通。他曾是《中国大百科全书·城市建设篇》的主编，在有关城市建设的条目里，他多次提到张謇及其所创建的城市，但从未来过南通。这次是应南通市政府及文化局之邀，来南通主持南通博物苑新馆设计，以迎接张謇创办的博物苑百年庆典。来南通的当天，因过江轮渡受阻，晚上九点多才到市区，他未及入住，便急切地赶往博物苑查看。第二天一早，他再次来到博物苑，仔细听取工作人员讲解，并不时提问讨论。接着，他又马不停蹄地查看了南通老城区和张謇创办的纱厂老厂区，并登上了张謇时期的标志性建筑钟楼，遥望长江和整个南通城。在中午吃饭前，我与吴良镛先生兴致勃勃地交谈起来。我向他介绍了张謇当年创立了许多中国近代第一：包括第一家公共博物馆，第一所师范学校，第一所纺织学校，第一所戏曲学校，第一所聋哑人学校，第一座农业气象台，第一条民建公路，第一个民办公共公园等。吴先生听后微笑而又认真地说道，"你说了这么多第一，不如就叫'中国近代第一城'"。我听后先是吃了一惊，随即觉得很有道理，便围绕"第一城"的概念与吴先生深入探讨起来。事后，我觉得"中国近代第一城"概念的提出，不仅对定位张謇时期南通历史状态，而且对挖掘和弘扬张謇精神都十分有意义，马上让有关部门组织对"中国近代第一城"的研讨和宣传。吴先生关于"中国近代第一城"的题词和文章，也是在我们多次恳请下书写的。

吴先生在那篇文章中还进一步阐述说："2002 年 8 月（应为 7 月），我来南通第一次调查，在与罗一民市长晤面时，提出了南通'中国近代第一城'的初步推论，这只是当时我根据有限的历史知识的'大胆假设'，接下来的工作就是'小心的求证'，我目前的基本认识如下：

1. 南通与西方同时代的城市对比。如果把张謇（1853—1926）与差不多同时期的近代城市规划先驱者，英国人霍华德（1850—1928）相提并论，两者有共同之点，即都是近代城市史的人物，都致力于城市发展，改善市民生活。霍氏是经营'田园城市'，探索社会改革的道路；张謇经营南通进行系列的城市建设，探索地方自治途径，建设一新世界雏形之志，以雪中国地方不能自治之耻。然而，他们有着不尽一致的背景，途径也不一致；从西方的城市建设中来看，自工业革命后，大生产兴起，人口资本集聚于城市，居住环境质量下降。与西欧所称的工业镇，及霍华德的'田园城市'相比，张謇所经营的南通应属于不同的历史阶段，是在科学技术落后于西方百多年的中国，在20世纪早期谋求现代化过程中，才开始摸索城市建设。在思想上、历史条件远远落后于西方的情况下，张謇建设的南通与霍华德所经营的新城时间相若，途径并不一致，在内容与规模上竟能互相媲美，这不能不说是奇迹！张謇城市建设思想基于中国农耕社会从村镇到城市发展综合思考，对分散的村镇与城市进行整合发展地区。可称其'南通模式'，是中国独特社会文化背景下的城市—地区发展模型。

2. 南通与同时期中国其他城市发展对比。与同时期国内外城市建设大事单项相比，南通未必都是最早的，规模未必是最大的，更不一定有多少'之最'，重要的是一系列建设事业与实施能在一个地区有大致规划的，较为集中地建设起来，在不长的时间内，将一个封闭的县城开始过渡到现代城市（并被称为'模范县'），不能不认为具有划时代的意义。南通城市及其地区的规划、建设、管理、经营的整体性、关联性、地区城乡协调发展，是其他城市难以比肩的，意义重大。以今日之眼光审视其积极作用，仍然颇有值得借鉴的合理内涵。"

吴先生还认为，张謇"地方自治"政治主张追求的是"整体的社会改良"，尽管具有空想社会主义乌托邦的色彩，但他以极为严肃认真的态度身体笃行，完成了不少事业，南通城市建设种种亦属这一宏大思想下的产物。张謇奉行的是广义的规划建设观，其规划思想是根植于社会之规划。

总之，南通是近代史上中国人最早自主建设和全面经营的城市典范，因其起始早、功能全、理念新、实践意义强，所以堪称

"中国近代第一城"。

那么，根据吴先生关于张謇的城市规划建设是广义的、整体的"社会改良"的规划建设思想的论述，南通作为"中国近代第一城"，在当时有哪些是领先一般城市、走在时代前列的呢？借用今天的"五位一体"的概念概括地说，南通在政治建设、经济建设、社会建设、文化建设、生态建设方面，均独有建树，名列前茅。

在政治建设方面，张謇充分利用中央政府关于地方自治的政策，于 1908 年破天荒地发动民众选举，成立了全国第一个省以下"议会"——通州议事会，并亲任议长。议事会及随后的地方自治会成立后，设立了测绘局、调查户口事务所、法政讲习所、清查公款公产事务所等一系列"准政府"机构，干了许多"州官"应该干的事儿。他还建立了商会、农会、慈善会、长江保坍会等各种社会团体，发动各方共同参与地方治理。更令人称奇的是，他还建立了维护治安的警卫队，花钱改造政府的监狱、驻军营房，建妓女改造所和戒毒所等。

在经济建设方面，张謇从创办大生纱厂开始，由工业到农业（盐垦、种植），到生活服务业（商业、旅馆、房地产开发）到物流运输（大达轮船公司、汽车公司，十六铺码头），到金融保险（淮海实业银行、保险公司）等，甚至还与比利时合资兴办中比航业公司及专事对外贸易的新通贸易公司。他创立的南通绣品公司还在美国纽约第五大道设立分公司，经营刺绣工艺品。他在逐步建立起全国最大的产业资本集团的同时，全面地促进了南通经济现代化建设。当时的南通工业化城市化水平，在中小城市中首屈一指。中国海关"一把手"诺德（英国人）每 10 年就出一份分析中国经济状况的《海关十年报告》，连续三次（30 年）仅举上海和南通两个城市为案例。他说："通州是一个不靠外国人帮助，全靠中国人自力建设的城市，这是耐人寻味的典型。""所有愿对中国人民和他们的将来作公正、准确估计的外国人，理应到那里去参观游览一下。"

在社会建设方面，张謇在加强社会管理、改善社会风气的同时，大力创办现代化的社会公共事业和社会保障体系。1913年办大聪电话公司，建成南通市内电话网络。1916年开始建唐家闸公园和市区东、西、南、北、中五座公园，是我国最早对公众开放的公共园林。1917年办通明电气公司，形成从唐家闸到中心城区的供电布局。1917年成立南通公共汽车公司，公共汽车在港闸、城区等多条公路上运行。

张謇在南通创办的社会保障项目主要有：1906年创办的新育婴堂，1912年创办的南通医院，1913年在他60岁生日之际，用所得寿礼贺金创办的养老院，1914年创办的贫民工场及济良所，1916年创办的残废院及栖流所。

在文化建设方面，张謇致力于文化事业现代化。1905年创立了中国第一个民办博物馆——南通博物苑。1912年建成图书馆，将自己收藏的8万多卷和征集采购的共13万卷图书置于馆内，供市民阅览。1913年后创办了《通海新报》等4种报刊，并创办了翰墨林书局。1917年在军山建气象台。1919年创办全国第一所戏曲学校——伶工学社，并建现代化大剧场——更俗剧场。同年还创办中国电影（影戏）制造股份公司，拍摄多部影片。由伶工学社师生演出的京剧武打艺术片《四杰村》，在美国纽约放映。

1921年，张謇邀请京剧大师梅兰芳来南通与欧阳予倩同台演出，并在更俗剧场建有"梅欧阁"，以示纪念。梅兰芳连演11场，张謇每剧必诗。此举有力地推动了南通的戏剧发展和诗文创作。

1922年，应张謇之邀，中国科学社第七届年会在南通召开。杨杏佛、马相伯、梁启超、丁文江、竺可桢、陶行知等知名专家学者纷纷会聚南通。张謇在会上说道："吾人提倡科学，当注重实效，以科学方法应用实业经济之研究，与社会心理之分析。迨成效既著，人自求之不遑。执此道以提倡科学，未有不发达者。此为吾数十年经验之结论，愿诸君由此以兴科学。"① 科学社以新建的生物研究所作为张謇 70 寿辰贺礼，以答谢他对科学的倡导和支持。

"文化必先教育。"② 张謇在教育事业上的努力和成就更为人所津津乐道。他创办了 370 多所各类学校，从幼儿园、小学、中学到大学，从普通学校到职业学校、特种学校（聋哑人学校、技工学校、师范学校），几乎无所不包。他还规划在农村每 8 平方公里办一所小学，并成立了教育会、劝学所等几十个现代教育研究团体和机构。他还担任江苏教育会会长。可以说，张謇是名副其实的中国教育现代化先驱和集大成者。世界著名的美国哲学家杜威在考察南通后，由衷地赞叹道："南通者，中国教育之源泉，吾尤望其成为世界教育之中心也。"③ 南通近百年来，人才辈出，群星璀璨，绝非偶然。

在生态建设方面，张謇在城市总体规划设计上，就考虑到生产、生活、生态的合理布局，人与自然的和谐共生。他比世界著名的城市规划大师霍华德还早 3 年提出并践行了"花园城市"的理念。除了主城区以外，他将唐闸和天生港设定为工业和港口区，狼山设定为风景旅游区，形成了科学合理的"一城三镇、城乡相间"的现代城市格局，既方便了人们的生产生活，又改善了自然环境。他还对南通的"五山"封山育林，保护自然生态，在街道、公路两旁栽种行道树美化自然景观。他对植树造林极为重

① 张謇：《社学社年会送别演说》，李明勋、尤世玮：《张謇全集》第 4 卷，上海辞书出版社，2012 年，第 513 页。
② 张謇：《致美国政府请示以退还庚子赔款酌拨补助南通文化教育事业基金意见书》，李明勋、尤世玮：《张謇全集》第 1 卷，上海辞书出版社，2012 年，第 723 页。
③ 杜威：《教育者的责任》，周宏宇、陈竞蓉：《民主主义与教育——杜威博士在华演讲录》，安徽教育出版社，2013 年。

视，在任农商总长时，就主持制定了《森林法》《造林奖励条例》，设立奖励基金，并将"3·12"定为植树节（一直延续至今）。他还成立"长江保坍公会"等社团，发动社会各方保护长江生态和水系。

张謇于1917年南通五座公园落成时，专门做了一篇《南通公园记》。开篇就说明南通优越的地理环境、气候条件以及南通公园就地取材的功能特点。他认为，"公园者，人情之囿，实业之华，而教育之圭表也。"[1]　"公园犹人所乐施者，语曰'富润屋'，能屋而润，故谓之华"[2]。在这里，张謇不仅表达了他建公园利民生的高尚追求，也表达了他建立在传统"天人合一"基础之上的现代生态理念。

总之，张謇以现代化的理念和标准，从政治、经济、社会、文化、生态等各个方面全方位推进南通现代化建设，精心打造出了"中国近代第一城"。

笔者在2003年"中国近代第一城"学术研讨会上，曾以"弘扬先贤伟业，续写时代辉煌"为题，论述了中国近代第一城五个方面的内涵。

第一，从城市建设的主体来看，南通是第一座由中国人自己全面规划并实施建设的具有近代意蕴的城市。张謇为实现其"建设一新世界雏形"[3]的救国理想和现代化宏伟蓝图，对南通城市进行全方位苦心经营。在他的推动下，南通开辟了新工业区和港区，进行了近代教育、文化、市政设施建设，建立了功能分布比较科学合理的多层次城镇体系。这是中国近代第一座完全由中国人自主规划、设计、建造的现代化城市，两院院士吴良镛先生称

---

① 张謇：《南通公园记》，李明勋、尤世玮：《张謇全集》第6卷，上海辞书出版社，2012年，第422页。
② 同上
③ 张謇：《垦牧公司第一次股东会演说公司成立之历史》，李明勋、尤世玮：《张謇全集》第4卷，上海辞书出版社，2012年，第183页。

赞南通具有"划时代的意义"。

第二，从城市的形态布局和功能来看（城市建设理念、特征），南通是一座世界近代史上开风气之先的城市。南通的"一城三镇"、城乡统筹等现代化城市规划理念，可以和英国著名规划思想家霍华德于 1898 年创立的、曾对现代西方城市规划产生革命性影响的"花园城市"理论相媲美，其实践甚至早于这一理论的提出。它保持了老城区原有的功能格局，新增了近代教育、文化、商业、市政设施，建设了工业区唐闸、港口区天生港、风景区狼山，与旧城区组成了一个互有分工的城镇组群，确立了人与自然和谐共存的城市功能定位和发展方向。

第三，从城市的发展基础（城市发展、建设内涵）看，南通是一座各项事业全面推进的城市。近代南通城市建设涵盖了生产、生活、工业、农业、文化、教育等各方面内容，张謇按照"父教育而母实业"的思想，在发展生产、改进交通、发展农垦、兴修水利、创新文化、兴办教育的前提下，逐步进行近代化城市建设，从而为城市发展提供了有力的支撑。

第四，从城市建设的价值取向来看，南通是一座充满人文关怀的城市。张謇以一位儒者的理想建设南通，将城市文化纳入城市建设之中。他以一种诗人情怀经营南通，率先创办了符合当时政府学制标准的中国第一所民办师范学校、中国第一所纺织高校、中国第一所戏剧学校，由中国人自己创办的第一所博物苑，以及气象台、养老院、育婴堂等等，使南通不仅是聚居的场所、生产的基地，更是一个文化繁荣的地方，这在理想、理念上与今天我们所追求的"宜人的人居环境"目标是一致的。

第五，从城市建设与区域发展的关系来看，南通初具区域整体发展的雏形。张謇不是就城市论城市，而是从宏观的、全局的高度去谋求城镇、乡村共同发展，形成了一城多镇、城乡统筹、合理布局的多层次城镇格局。

可能是受到吴良镛先生观点的影响，笔者最后得出的结论是，"把近代南通放到整个中国近代城市发展史上来看，尽管就城市建设的单项而言，南通与同时期国内城市相比较，未必都是最早的，规模未必都是最大的，但这一系列设施、建筑能够在不长时间内，在一个地区较为集中地建设起来，将一个封建的县城比较快速地过渡到近代城市，这不能不说具有划时代的意义"。

其实，早在张謇在世时，就有许多外国人通过拿南通同中外城市对比，得出了南通是当时中国最好的现代化城市的结论。他们的许多看法，与我们今天所说的"中国近代第一城"颇有相似之处。

1919年初，日本人上冢司在参观考察南通后，写了一篇题为《以扬子江为中心》的报告，惊叹和赞扬南通现代化机构、设施的齐备，特别是对大生纱厂所在地唐家闸工业区的快速崛起，感到十分意外和惊讶。他在报告中写道："眺望掩映在几个烟囱中的直冲云霄的大生纱厂的时钟台时，我们仿佛现在才为宏伟的四周的光景而感到震惊。沿河的一条街，车水马龙，络绎不绝，人来人往，摩肩接踵，异常热闹。河边停泊着数百艘民船装满货物。所见这般光景，一切的一切都是在活动着的，又是现代化的。"[1]

1920年，《密勒氏评论报》（美国人在上海创办的英文周刊）主编鲍威尔在考察南通后，写了一篇《不受日本影响的南通天堂》长篇报道。他颇为动情地写道："从上海前往南通的旅程需要8—10小时，然而仍然值得亲自去看一下'中国人间天堂'的实例。"[2] 他还对南通这座"模范城"的"构成元素"进行了全面

---

① 野泽丰：《日本文献中的张謇和南通》，严学熙、倪友春：《论张謇——张謇国际学术研讨会论文集》，江苏人民出版社，1993年，第152页。

② 朱江：《〈密勒氏评论报〉中的张謇》，《档案建设》，2014年第5期。

描述，令人信服地论述了一座现代化城市的惊世崛起。

在鲍威尔的影响下，《密勒氏评论报》接连多次对南通进行了深入报道。例如，该报在 1921 年 3 月 26 日以大幅版面刊登了《张謇：中国城市的建造师》；1923 年 3 月 17 日发表了长篇报道《中国实业之进步观——中国模范城南通州》，这篇报道指出："廿五年前，南通情形与其他小城无异。"① 而现在"变化之速，革新之进步，实堪为吾人注意也，而有中国模范城之称。观此城，亦可表率中国人建造革新之能力"②。

同时，美国《亚细亚》杂志也刊文称赞南通："此等事业之光彩，诚可与欧美相颉颃，若求诸纯东亚之内地，实可惊异。"③颇有影响的美国杂志《世界召唤》（WORLD CALL）也对南通做了多次报道。1921 年 6 月号刊登了《聚光灯下的南通》一文，1929 年 4 月号以"中国的现代化"为题，深度介绍和分析了南通现代化的成果。该文由衷地赞美道："南通成为中国最出色的城市之一，1911 年以来该地区也没有像中国其他地区那样陷入无序。"④

1920 年，享誉全球的美国著名教育家、哲学家杜威，在中国名流黄炎培、沈尹默等人的陪同下，到南通考察讲学。他在当地的演讲中动情地说道："今日到南通匆匆一游，让我眷念不忘；而在我心目中留下最深刻印象的是南通的师范教育。"⑤"南通者，教育之源泉，吾尤望其成为世界教育之中心也。"⑥

1922 年 6 月，另有一位日本人鹤见祐辅到南通考察，回去后写了一本介绍南通和张謇的专著——《偶像破坏期的中国》。他

---

① 朱江：《〈密勒氏评论报〉中的张謇》，《档案建设》，2014 年第 5 期。
② 同上
③ 南通市档案局：《西方人眼中的民国南通》，山东画报出版社，2012 年，第 12—46 页。
④ 同上
⑤ 杜威：《杜威博士在演讲之三大问题》，《南通杂志》第一卷第三号，1921 年。
⑥ 同上

在书中写道："不能不说张謇先生的事业，是中国400余州县里面成绩最卓的一个。""如果中国有十个张謇，有十个南通，那么中国的将来就会很有希望。"[1]

1923年，同样是日本人的驹井德三，在深入考察南通，并多次与张謇晤谈后，撰写了《张謇关系事业调查报告书》，称赞张謇"独居南通，拥江北之区域，所怀之理想，数十年始终一贯，表面以分头于实业交通水利之标榜，里面则醉心于教育及慈善事业之振兴，乃唯一主新中国之创造者，诚可谓治现今中国社会之良药，而非过言者也。"[2]

由此可见，南通被称为"中国近代第一城"当之无愧，绝非偶然。

二、张謇如何打造第一城

张謇苦心、精心、全心把南通打造成中国近代第一城，是为了实现他建设一个新世界雏形之志，以雪中国地方不能自治之耻，实际上也是要为中国打造一个能与世界先进国家城市相媲美的现代化城市样板，以示范引领中国走向繁荣昌盛。

如今，对当年张謇在南通推进全面现代化的雄心和辉煌成就，已无可置疑。而在20世纪初，处于十分贫弱落后的国度里，要在基础条件十分薄弱的封建小城搞现代化，谈何容易！更何况，张謇乃一介传统儒生，既没有现代化城市建设所需要的全盘知识和经验，更没有治城理政的官职和行政权力，无法像官府那样调配经济社会等各种资源，怎么可能凭一己之力打造一座现代化的城市？这确实是一件令人难以置信、不可思议的事情。难怪一直有人说，张謇是搞乌托邦的空想主义者。然而，张謇的了不

---

① 南通市档案局：《西方人眼中的民国南通》，山东画报出版社，2012年，第12—46页。
② 张孝若：《最艰难的创业者：状元实业家张謇传》，新世界出版社，2016年，第312页。

起之处，就是把不可能变为可能，把空想变为现实。

就当时城市发展的各种基础条件而言，南通不仅落后于全国的许多城市，就是在江苏省内，也大大不如无锡等苏南城市。按常规看，"中国近代第一城"的桂冠确实不应该落在南通头上。就江苏城市而言，当时最有可能成为近代第一城的是无锡。后来，南通借吴良镛之口打出"中国近代第一城"旗号时，最不服气的就是底气十足的无锡。

当时无锡的地理位置和交通条件及经济基础要大大优于南通。无锡南濒太湖，大运河穿城而过，历来是太湖北岸的水运中心和上海的腹地。1908年通车的东南大动脉沪宁铁路，使位于其中段的无锡的区位优势和交通特长更为凸显。而相比之下，南通虽号称有江有海，靠上海，却有江无桥，有海无港，到上海要一整天的时间。南通正可谓是被江海阻隔的"南不通"的闭塞半岛。就当时的经济基础而言，南通与无锡也不可同日而语。远在张謇的大生集团崛起之前，无锡就是远近闻名的丝市、布市、米市，并在此基础上构建了无锡近代工业的三大支柱——缫丝、纺织、面粉行业。荣德生兄弟和杨宗濂兄弟，及周舜卿、唐保谦、薛南溟等民营企业家，在20世纪初就形成了令人瞩目的六大资本集团，及蔚为可观的"锡商"企业家群体。到世界经济危机爆发的1929年，无锡已有208家工厂，从业工人7万多人，位居全国前列。而南通在1899年大生纱厂开工投产之前，几乎没有什么近代工业，即使在大生集团全面发达以后，也仅是一枝独秀，没有相匹配的其他民营企业及企业家群体。

而且，无锡早期近代工业的创办人，大都有在上海当学徒、职员，经商创业的经历，从上海汲取了许多近代工业和资本主义生产经营知识，培育集聚了一批近代经济发展所必需的人才。而偏居一隅的南通，除张謇那样的极少数人以外，几乎没有在上海、香港闯荡过的新式企业家和业务技术人员。可想而知，张謇要凭一己之力，在兴办近代资本主义实业的基础上，推进全面现代化，是何等的艰难。

1918年11月，张謇在《南通县教育状况序》一文中，在比较南通与无锡教育的特点后，指出：无锡受近代因素影响较早，融资容易，办事情方便。南通地处偏僻，人的思想较封闭，资金缺乏，办事不易。因而搞实业、办教育，要"慎于财，则必寸寸而度其所用；慎于人，则必节节而度其所胜"[①]。

在沪宁铁路线上，还有一座江南名城——镇江，在当时的发展条件也远比南通要好。镇江紧靠省会南京，扬子江穿城而过，是江南运河与北方运河的连接点，长江流域市场与以运河为轴心的运河市场相连接，在经济繁荣依赖水运的时代，地理条件得天独厚。1896年，署理两江总督兼南洋大臣张之洞，奏派张謇和镇江籍礼部给事中丁立瀛，及苏州籍前国子监祭酒陆润庠（同治状元）分别在通州、苏州、镇江设立商务局，兴办现代工业。不久，张謇在南通创办了大生纱厂，陆润庠在苏州创办了苏纶纱厂，而丁立瀛在镇江却一事无成。后来，镇江的笔铅罐公司、四泾缫丝厂、开成笔铅厂、大照电灯厂等近代化企业，也是在张謇的倡导和参与下兴办的。

同为清朝状元的陆润庠在"上有天堂，下有苏杭"的苏州兴办纱厂颇有成效，与南通的张謇齐名。当时长江南北两岸两个状元办厂的故事广为流传。但苏州的陆状元及其所创办的苏纶纱厂并没有给已较为繁华的苏州经济带来重大影响，更没有对城市建设和发展带来根本性的改变。而对岸南通的张状元所创办的大生纱厂却给南通的经济发展和城市建设带来了巨大的变化。

那么，各方面基础条件并不如其他地区的南通，何以会超越

---

① 张謇：《南通县教育状况序》，李明勋、尤世玮：《张謇全集》第6卷，上海辞书出版社，2012年，第436页。

性地成为"中国近代第一城"呢？这就不得不说到"第一城"的缔造者——张謇的独特作为和贡献。可以说，是张謇以他所特有的炽热的爱国情怀，坚韧的意志品格，不凡的心胸气度，超群的学识胆略和经世才华，只手打造了令世人羡慕不已的"中国近代第一城"。

张謇以独特的志向、独特的才能、独特的方式，打造了独特的"第一城"。他在打造"第一城"的过程中，可谓是匠心独运，一骑绝尘，所形成的经验也很独特，弥足珍贵。在这里，我们可以将之概括为五个充分运用：

一是充分运用雄厚的实业基础

如前面的篇章所述，张謇经商办厂是为了实业报国，实现他心中的强国梦。在推动家乡南通现代化的过程中，他首先是竭力把实业做大做强。有了足够多的钱和雄厚的经济基础后，再办教育、兴文化、搞慈善、助公益，进而实施城镇建设和市政管理，乃至治州理政。正如他自己所说："教育非空言所能达，乃益先实业；实业教育既相资有成，乃及慈善，乃及公益。"[①] "謇自己未以后，辛丑以后，始经教育，丁未以后，来措意慈善。"[②] "南通教育、慈善之发端，皆由实业。"[③] 他将经营实业所得的股息、红利及公费几乎全部用于公益民生事业。例如，他在1902年创立通州师范学校，就是将大生纱厂为支之公费6年本息2万元和友人资助1万元一并投入。

张謇及现代化研究专家严翅君指出：张謇所打造的"第一城"，即现代化的"南通模式"，主要包括五大内容和五大目标。五大内容为：一是以大生纱厂为核心，建立以棉纺织为主体，包

---

① 张謇：《谢参观南通者之启事》，李明勋、尤世玮：《张謇全集》第5卷，上海辞书出版社，2012年，第198页。
② 张謇：《呈筹备自治基金拟领荒荡地分期缴价缮具单册请批示施行文》，李明勋、尤世玮：《张謇全集》第1卷，上海辞书出版社，2012年，第430页。
③ 同上

括其他工业以及交通运输、金融贸易等企业；二是以通海垦牧公司为起点，建立淮海垦殖为主体，包括大有晋、大丰、中孚等20余个垦殖公司和农会、水利会、棉业实验场、天生果园等棉农事业；三是以通州师范为核心，建立以师范教育为主体，包括高等教育、普通中学、小学、专门技艺学校、职工学校以及幼稚园、教育馆等教育机构和设施；四是以南通地方社会福利为中心内容的各类事业——医院、图书馆、博物馆、气象台、公园、残废园、育婴堂、养老院、警察传习所、伶工学社、更俗剧场、栖流所和模范监狱等；五是建立地方自治制度，即形成"乡里士夫"，人人奋起，各自效力于地方，为地方做几件实事，从而建立一个"自存立，自生活，自保卫"的人民安居乐业的新村落。而这五大内容的核心和根基，就是赚钱盈利的实业。

与五大内容相匹配，五大目标中，实业是基础性目标，教育是关键性目标，慈善和公益是保障性目标，自治是统摄性目标，城市是载体性目标。这五大目标有机统一，形成完整的南通现代化目标体系。这些目标的实现，均有赖于雄厚的实业基础。

张謇所认为的"实业"，并不仅仅是指工业或制造业，而是包括第一产业、第二产业、第三产业在内的各类产业，用他的话说，就是"实业在农工商，在大农大工大商"[1]。他还认为实业是教育的基础，而实业和教育又共同构成了国家发展的基础。因而他秉持"父教育而母实业"[2] 的理念，主张实业救国、教育救国，"立宪大本在政府，人民则宜各任实业教育为自治基础"[3]。

二是充分运用地方自治政策

地方自治是近代发端于英德等欧洲国家的地方治理的组织形

---

① 曹从坡、杨桐：《张謇全集》第四卷，江苏古籍出版社，1994年。
② 张謇：《通州中学附国文专修科述义并简章》，李明勋、尤世玮：《张謇全集》第5卷，上海辞书出版社，2012年，第111页。
③ 张謇：《啬翁自订年谱》，李明勋、尤世玮：《张謇全集》第8卷，上海辞书出版社，2012年，第1022页。

态，是平衡地方与中央权力，调动地方积极性、发展地方事业的新型模式。它注重地方分权和民众的自主参与，是资产阶级民主意识提高的自然产物。地方自治思想在日本的明治维新时期得以推行以后，于 20 世纪初传播到中国。清政府把地方自治作为"新政"的一项重要举措加以推行。但一开始，中央政府只是原则上予以倡导，并无具体的操作规定。后来，地方上要求搞自治的呼声很高，清廷迫于各方面的压力，于 1907 年 9 月谕令民政部"妥拟自治章程，请旨饬下各省督抚择地依次试办"①。于是，全国各地掀起了一股兴办地方自治的热潮。但因缺乏统一部署，各地自行探索，自定规则，状况各异。

为了在制度上和程序上加以规范，清政府于 1909 年 1 月正式颁布由民政部拟定、宪政编馆核议的《城镇地方自治章程》。1910 年 2 月，又相继颁发《京师地方自治章程》和《府厅州县地方自治章程》。于是，统一部署、统一规章、统一号令的全国性地方自治正式铺开。

张謇也就是在这时，正式打出地方自治的旗号，全力以赴在南通搞地方自治。但张謇的自治思想由来已久，局部的探索尝试也由来已久。早在中状元之前，他在家乡边备考，边"经营乡里"，参加地方上的经济和社会活动。当时他就有感于"官之贼民""暗弊而不足与谋"②，从而萌发了地方自治思想的萌芽，并初步地加以践行。

张謇在 1884 年结束游幕生涯回到家乡后，便帮助父亲集资，购买湖州桑苗，鼓动乡民设购，推广植桑养蚕，发展蚕丝业。同时，他还积极参与和组织了地方上的各种社会政治活动，比如联合地方士绅禀请两江总督免除十年丝捐，以兴蚕利；动员地方官

---

① 故宫博物院明清档案部编：《清末筹备立宪档案史料（上册）》，中华书局，1979。

② 张謇：《复汪康年函》，李明勋、尤世玮：《张謇全集》第 2 卷，上海辞书出版社，2012 年，第 91 页。

招商开行，收购蚕茧，发展蚕丝市场；牵头联络通州大布庄老板和各地花布商人，力争官府减收通海花布厘捐；筹办地方武装防卫组织"滨海渔团"，维护沿海地区安全；倡导建立社仓，备灾备荒；恢复海门慈善堂，办理掩埋无主野尸等慈善事业。

正如张謇研究专家章开沅先生所说："张謇在晚年曾把自己一生的主要事业概括为'地方自治'，而且把它分作实业、教育、慈善三大部类，可以看得出，在上述'经营乡里'活动中，已经萌现出这三大部类的端绪。"[1]

1901年，张謇在《变法评议》中，极力主张仿行日本地方自治制度。"设库县议会"[2]，实行地方自治。1903年，张謇去日本考察后，十分推崇日本的地方自治方式，主张中国尽快模仿。在随后的立宪运动中，他痛彻地认识到，"今人民痛苦极矣！求援于政府，政府顽固如此；求援于社会，社会腐败如彼。然则直接解救人民之痛苦，舍自治，岂有他哉"[3]。

1904年以后，张謇越来越看重地方自治的政治性质，他认为，"地方自治为立宪之根本"[4]。他甚至产生了当一名"实业政治家"的想法，他认为尧舜就是既搞实业、又搞政治的"实业政治家"，是自己学习的榜样。与此同时，他在南通开展了许多具有地方自治色彩的事业，并致力于地方自治的整体谋划和初步尝试。

1905年后，随着清政府倡导地方自治政策逐渐明朗，张謇乘势而为，公开在南通亮出了地方自治的旗号，并大张旗鼓、紧锣密鼓地予以正式实施推行。1908年，他在筹办江苏咨议局的同

---

① 章开沅、田彤：《张謇与近代社会》，华中师范大学出版社，2001年。
② 张謇：《变法评议》，李明勋、尤世玮：《张謇全集》第4卷，上海辞书出版社，2012年，第34—62页。
③ 张謇：《苏社开幕宣言》，李明勋、尤世玮：《张謇全集》第4卷，上海辞书出版社，2012年，第461页。
④ 张謇：《啬翁自订年谱》，李明勋、尤世玮：《张謇全集》第8卷，上海辞书出版社，2012年，第1022页。

时，在南通设立了全国最早的县级"议会"，并破天荒的代表士绅民众取代当地政府，直接主导了当地的行政管理和政治生活，全方位地推进当地的社会经济发展。

张謇的社会理想，是在中国建立与世界主流文明相一致的政治体制及相应的经济发展模式。而当他感到在全国实现这一理想暂时没有可能时，便全身心地投入到南通地方自治之中。地方自治凝聚着他一生的社会理想与最终追求，是他晚年全部事业的落脚点和着力点。张謇推行南通地方自治的志愿，就如他自己所说，是"以一隅与海内文明国村落相见，此或不辱我中国"①。他的自治蓝图就是，"内而耕凿食衣技工商贾行旅负贩，男男女女，幼幼老老，扶翼教诲，治疗存问，济助救恤；外而水陆津梁车船庐馆及于纳税当兵，所为自存立，自生活，自保卫，以成自治之事，罔勿及者"②。

有现代化研究专家指出：由于后发型现代化国家在现代化开始时，自身现代性因素积累不足，顽固的传统力量往往成为现代化建设的障碍。在这种情况下，只有运用国家机器的强大力量来推进现代化，才有可能使现代化得以启动和成功。鉴于政治在社会变迁中的主导作用，在后发型国家的现代化中，第一位的前提条件，几乎无例外地都是相应的政治变革。张謇当年在南通搞助推现代化的地方自治，虽然不能以主政者的身份操纵国家机器，但他巧妙而又充分地运用了中央政府的政策，使南通的地方自治，几乎突破了清王朝所能容忍的极限，因而成了全中国地方自治业绩最突出的地区。

例如，清政府在《城镇乡地方自治章程》中规定，"地方自

① 张謇：《附答周应时等函》，李明勋、尤世玮：《张謇全集》第 2 卷，上海辞书出版社，2012 年，第 583 页。
② 张謇：《自治会报告书序》，李明勋、尤世玮：《张謇全集》第 6 卷，上海辞书出版社，2012 年，第 496 页。

治以专办地方公益，以辅佐官治为主；按照章程，由地方公选合格绅民，受地方监督管理"①。而张謇想的和做的，却是突出"地方自治之中，亦有行政代议之别"②，把西方议会政治模式移植到基层政权，一方面为国家立宪奠定基础，一方面让地方士绅和民众具有更大的自主权。这就使得南通的地方政治变革，走在全国的最前列。因而在以现代性政治为主导的现代化全面建设中，南通也就理所当然地走在全国的最前列。如此这般，"中国近代第一城"的桂冠，又怎能不花落南通？

三是充分运用特殊的政治身份和各界官员的支持

如前所述，张謇以地方自治为名，全面推进现代化，以建设一个他心目中的"新新世界"，必须以政治力量为支撑、为动力。作为不是地方官的他，无法直接操纵地方政治权力机构，只得运用自身的特殊政治身份，施加特殊的政治影响，从而获得各方面的政治资源，包括各界官员的支持。

张謇的特殊政治身份，首先来自几乎伴随他一生的各种各样的官职、官衔。这些林林总总的官职、官衔，尽管大都是虚设、兼职的，却能"介官商之间，兼官商之任，通官商之邮"③，并可以大大提高他在官场、士林和地方社会上的声望。在这些官场光环的照耀下，一般的官吏和民众都会对他敬重有加。他便可借此对上争取官府资源，对下动员民间力量，创造性地开拓南通地方事业。

除了官职、官衔以外，张謇还有一个不容小觑的政治身份：新型士绅和新兴绅商的代表人物。"士绅"作为中国社会有文化、有财富、有名望的特殊阶层，历来是一股无可替代的政治力量。

---

① 故宫博物院明清档案部编：《清末筹备立宪档案史料（上册）》，中华书局，1979。
② 同上
③ 张謇：《请新内阁发表政见书》，李明勋、尤世玮：《张謇全集》第1卷，上海辞书出版社，2012年，第225页。

特别是在乡村基层，士绅几乎成了政府治理的代理人。同时，士绅在中国政治生活中还扮演着连接官民和沟通上下的特殊角色。对于官府，他们可以代表民间反映民情，表达诉求；对于民间，他们可以受官府委托或默许，进行基层的社会管理和民生建设。进入近代社会以后，随着时代的变迁，以前以传统儒生为主体的士绅，已逐步成为有近代科学文化知识和政治眼光的新型士绅，他们不仅在基层民间，而且在整个社会生活中产生广泛政治影响。张謇就是这方面的突出代表。正如他自己所说："謇14年来，不履朝籍，于人民之心理，社会之情状，知之较悉，深愿居于政府与人民之间沟通而融合之"①。有了这样的特殊政治身份，就可以产生特殊的政治影响，从而施展特殊的政治抱负。

与新型的士绅相伴而生的新兴绅商，更是新时代中的新兴政治力量。所谓新兴绅商，实际上就是既有士绅性质，又掌握现代工业企业的新兴资产阶级。他们在经济上有了实力和基础后，就要在政治上谋求地位和影响。在清末民初的政治生活中，他们发挥着特别重要的作用。从某种意义上说，中国近代社会的变迁，包括辛亥革命的发生及中华民国的建立和运行，新兴绅商居功至伟。张謇就是新兴绅商的杰出代表。以上所述的他在中国政坛和南通地方自治中的作用，已充分说明了这一点。

与新兴绅商代表者身份相吻合的，是立宪运动的领袖和各种重大政治活动中极具影响力的人物。作为势倾东南、闻名全国的"实业政治家"，张謇在中国政坛上扮演了重要角色，朝野各方都敬重有加。日本人驹井德三就说过，"中央政府及督军省长等，皆以张公声望之大，见识之高，关于重要之政务，一一征求意见，而张公不辞答复之劳"②。

---

① 张謇：《请新内阁发表政见书》，李明勋、尤世玮：《张謇全集》第1卷，上海辞书出版社，2012年，第225页。
② 驹井德三：《张謇关系事业调查报告书》。

在这种情况下，张謇在南通地方上兴办各项事业，实行与众不同的地方自治，自然也就会多了助力，少了阻力。

正因为张謇有了这样的特殊政治身份和影响，官场上的各级官僚才会对他另眼相看，给予特殊的支持，从而使南通的地方自治取得特殊的成功。正如驹井德三所言，"张謇对于现在中国之政界，表面上虽无何等之关系，然以张公在经济上、地方上、政治上有坚固之基础，不仅大总统及现任内阁即地方政府也无如之何也。张公虽甚持重自下，然在中国政界之潜势力，可谓不薄"[1]。

张謇与清末的权贵及民初的政坛要人都有交往，有的交情还很深，这对他"遁居江海，自营己事"[2] 很有好处。江苏省的督抚大员张之洞、刘坤一、程德全等人，更是给了他许多特别的帮助和扶持。就连远在无锡的荣氏兄弟，在经商中遇到地权纠纷等头疼问题，也求助于张謇，经张向省政府申诉才得以解决。

早期，张謇经商办厂，就在资金、设备、专利、减税等方面得到了张之洞、刘坤一的特殊支持，这姑且不论。后来在地方事业全面推进过程中，也得到了常人从官方得不到的扶助。他的大豫盐垦公司的 40 多万亩荒滩地，就是他利用"盐政总理"的名义移请江苏都督程德全委任其兄张詧"测量绘图"无偿获得的。1915 年，他还以"南通教育慈善公益所需"的名义，一次性向北洋政府请领了 10 万亩荒地。当时的江苏省长韩国钧也对张謇给予了多方支持。1922 年，盐垦公司因灾受损严重，张謇紧急向韩国钧致函求援，韩即让财政厅拨款 20 万元援助。

由于张謇在中国上层官场的"势"很强，他便可在地方上借势发力，以非主政者的身份左右南通政坛，主导地方自治。他在

---

① 驹井德三：《张謇关系事业调查报告书》。
② 张謇：《为南通地方自治二十五年报告会呈政府文》，李明勋、尤世玮：《张謇全集》第 1 卷，上海辞书出版社，2012 年，第 524 页。

20世纪初，就建立了总商会、农会、教育会、水利会、警卫团等地方自治组织，几乎代地方政府行事。等到1908年，清政府正式颁布地方自治规章后，通州即成立筹备自治公所议事会和董事会，张謇为议事会长，知州为董事会长，设立户籍、财政、工程、警务等各课，俨然一地方政府。

据说，历任南通、如皋、海门、泰州的县长、警察局长、镇守史之类的官员，到任之后的第一件事就是拜访张謇，甚至南通警察厅办案，也常向张謇请示。1920年，张謇儿子张孝若任会长的南通自治会，其内部机构设置与职权分工与地方政府相仿，几乎完全左右县域政治，它甚至取代县政府在全国第一家破天荒地以非政府名义，发行用于地方自治的"政府公债"。就连驹井德三也深有感慨地说道："今江北一带仿佛以张公为元首之国，他方势力未侵犯，其势力可知矣，故关于重要之职务，无有不征张氏之意见，即在现今中国政界中，以实力不相降之张作霖、吴佩孚等，皆以张公为上海经济界之重镇遇事咨问。"[1]

四是充分运用地方民众的拥戴

在享誉全国的同时，张謇在家乡南通具有极高的威望。当地民众都恭称他为"张四先生"，并以外地人称他为"张南通"而自豪。在他70岁生日时，尽管他在事先就发表了《生日告人书》，坚辞正规祝寿，但大家还是自发地参加庆祝活动。他的儿子张孝若描述道："城内乡间，方圆几十里的人都来看灯会、凑热闹，好像这不是父亲个人生日的庆祝，乃是地方大家事业成功的庆祝，个个欢天喜地。"[2] "因为父亲能忧百姓的忧，所以百姓都能乐父亲的乐，那几年实业发展，地方繁盛，蓬蓬勃勃，治具毕张，真是南通的黄金时代。"在他去世后出葬那天，"素车白

---

① 驹井德三：《张謇关系事业调查报告书》。
② 张孝若：《最艰难的创业者：状元实业家张謇传》，新世界出版社，2016年，第308页。

马，四方来会葬的人和地方上的人，共有万余，都步行执绋。凡枢车经过的地方，那沿途观望的乡人有数十万，都屏息嗟叹，注视作别，送父亲到他的永远睡眠之地"[1]。

德高才能望重。张謇之所以声望日隆，就是因为他品德高尚。他一心为民，造福乡里；修身律己，仁厚待人；以身作则，率先垂范；品行高洁，高山仰止。正如张孝若所说，"因为父亲是事业为公的信用，得到了人民牢固的敬仰，所以才收到非但可与乐成，并且可于虑始的功效了"[2]。显然，张謇在地方上有超越常人的声誉和威望，绝非偶然。这里有超越常人的济世爱民情怀，更有超越常人的品性修炼。

据说，辛亥武昌起义后，清廷要袁世凯讨伐南方，袁世凯说，"你要我讨伐黎元洪、程德全，我可以办到。你要我讨伐张謇、汤寿潜、汤化龙、谭延闿等，我是办不到的，他们都是老百姓的代表啊"[3]。连袁世凯都这样认为，张謇在老百姓心中的威望可想而知。

作为"第一城"的缔造者和南通民众的领袖，张謇正是依靠和运用了人们对他的衷心拥戴，才干成了他那个时代里几乎不可能干成的事业。凭借民众的拥戴，他在实业、教育、文化、城建等各领域中开创了近代中国的诸多"第一"或"最早"。更为难能可贵的是，凭借民众的拥戴，他革故鼎新、移风易俗，借地方自治兴办社团组织，培育市民社会，提高人们遵规守法和参政维权的意识，使原本闭塞落后的南通，整个社会状况和思想风气都向现代文明大踏步跨越式推进。可以想见，如果没有张謇的德高望重和远见卓识，长期习惯于在传统封建社会因循苟且生存的普

---

① 张孝若：《最艰难的创业者：状元实业家张謇传》，新世界出版社，2016 年，第375 页。
② 同上
③ 刘厚生：《张謇传记》，上海书店出版社，1985 年，第 192 页。

通民众是不可能幡然奋起，勇立时代潮头，把南通建为"中国近代第一城"的。

五是充分运用自己的学识经验

张謇自幼聪明好学，并坚持一生勤学笃行，积累了丰厚的知识学养和治事经验，可谓是学富五车、满腹经纶。有人将张謇称之为"百科全书式"的人物，确实不为过。而作为一座"近代第一城"的建设主导者、全面现代化的设计者、推进者，张謇个人的这些学识和经验已成为不可或缺的关键因素。张謇的学识才华，似乎是为南通的近代跨越发展应运而生。他学习了一辈子，实践了一辈子，历练了一辈子，积累了一辈子，最终全部集中运用在"第一城"的打造上，体现在南通全面现代化的成果上。

办现代化的实业、教育、文化及各种社会民生事业，固然需要丰富多样的知识储备和实施经验，现代化城市的实际建设和经营管理，更是需要融合古今、学贯中西的理论和专业知识。作为以熟读四书五经为安身立命之本的传统儒生，能超越性地融古今中外知识于一炉，并用之于建设一座现代化城市，张謇可谓是近代第一人。

对此，吴良镛先生有其精到的评论。他认为，张謇的城市规划思想是广义的，因而需要广博的文化知识（包括城建在内的各项专业知识）做支撑。"客观上包括从城市到区域发展实业建设、文化建设（从国家博物院的建议到南通博物苑的建设），关心研究它所涉及的方方面面；在微观上，他很重视建筑。'謇于土木建设计划稍稍有知识'[1]，保存古迹并关心工艺美术（请工艺家名人到南通平民工场传授徒弟），对园林植物有着特殊的个人兴趣……但是，他的着眼点更在国计民生，改善环境，发展地区，

---

[1] 张謇：《述训》，李明勋、尤世玮：《张謇全集》第 6 卷，上海辞书出版社，2012 年，第 288 页。

实现社会理想，用以推进'整体的社会改良'。因此，张謇的规划思想是根植于社会之规划。与英人李提摩太谈话后所书《感言之设计》可说明。"

吴先生还说到，"张謇的规划设计灵魂在于毕生的艰苦探索、点滴酝酿、卓越创造与心得体会的积累。他能够比较自觉地将城市文化、古代辉煌的社会与伦理思想作为城市发展重要导则，其中国文化、东方哲学思想与方法论的底蕴随处可见。同时，他又能较为自觉地接受近代科学事物，有明确的技术路线，并依据'为我所用'的原则引进西方人才技术，建立中国自己的城乡，在实践中逐步酝酿，形成中国的近代的较为完整的规划思想。"[1]

张謇主张"建设之规画求其当，规画之测绘求其详。循序以进，当另具计画书，商告国人，广求教益"[2]。也就是说，有了总体规划后，还要有具体的详规，并广泛征求各方意见。"要整理兴办地方事业，先要晓得地方面积多大，门户多少家，多少人，故要有一套完整的舆图，然后才能图上计划，哪儿放学堂，分划村区，开河道，疏通水……"[3] 这些要凭借先进的规划理念和技术搞规划设计，并向社会公告征求意见，以及先宏观后微观，先总规后详规，先总体后分区的城市规划设计思路，即使在今天看来也不落后。

不仅在城市规划建设方面，就是在城市的管理和"自治"中，张謇也充分运用了他广博的古今中外相融合的知识和经验。他虽然没有正规地接受过近代城市治理理论的培训，也没有主政过一方，但他能把古代与当代、中国与外国的城市管理和社会治理的思想与方法相结合，并特别注重汲取和借鉴西方的管理自治

---

① 吴良镛：《张謇与南通：中国近代第一城》，《清华大学学报》，2003 年。
② 张謇：《督办吴淞商埠就职宣言》，李明勋、尤世玮：《张謇全集》第 4 卷，上海辞书出版社，2012 年，第 478 页。
③ 张孝若：《最艰难的创业者：状元实业家张謇传》，新世界出版社，2016 年，第100 页。

精华，创造性地建设一个"新新世界"，从而形成了令人瞩目的现代化"南通模式"。

梅花香自苦寒来。张謇的学问、能力及在此基础上形成的光辉业绩，来自他终身的苦学和力行。他认为，"学问兼理论与阅历乃成，一面研究，一面践履，正求学问补知不足之法。"[①]"下走之为世牛马，终岁无停趾。私以为今日之人，当以老死，不当以逸生"[②]。他又说，我假使有 10 个儿子，我一定叫他们每个人都学会一件技术来帮助我，并且分遣他们一个东北，一个西北去开垦种田。

奇者张謇，能者张謇，伟者张謇！

三、"第一城"的价值何在

张謇倾心尽力在家乡南通打造了中国近代第一城，这对南通，对全国，对当时，对当下，究竟意义何在？这是一个探讨不够而又亟待重视的重要课题。"第一城"的宝贵价值和深远意义，至少可以从以下三个方面加以挖掘和提炼：

（一）中国早期现代化探索的样本（标本）

自进入近代社会以后，中国的志士仁人一直在奋力探索中国实现现代化的道路，并在艰难曲折中逐步取得了一定的成效。但是，像张謇在南通那样，在中国人的主导下，用现代化的思想理念、眼光标准，以一个整体的城市地区为对象，全面推进现代化建设，并取得了基本的成功，这在当时的中国可以堪称第一。正因为如此，"第一城"也就理所当然成为中国早期现代化的样本或标本，可以为那个时代的人学习借鉴，供后来的人剖析研究。

笔者曾在 2006 年召开的第四届张謇国际学术研讨会上说过，

① 马斌：《张謇的学问观及其价值向度》，《企业家天地下半月刊》，2007 年第 12 期
② 张孝若：《最艰难的创业者：状元实业家张謇传》，新世界出版社，2016 年，第100 页。

"张謇在家乡南通进行了前后长达 30 年，全方位、系统性的早期现代化实验，并相继取得了一系列令人瞩目的成就，使南通从一个封建闭塞的小城，一跃成为当时著名的'模范县'。被外国友人誉为'中国的乐土'，'理想的文化城市'，创造了'中国近代第一城'的辉煌"。这实际上也就是充分肯定了"第一城"的样本意义。

张謇在南通奋斗的初衷是统筹各方面的现代化建设，为中国打造一个能与世界先进国家、城市相媲美的现代化城市样板，以示范引领中国走向繁荣昌盛的现代化。就如张謇自己所言，"以成鄙人建设一新世界雏形之志，以雪中国不能自治之耻"[1]。在来日不多的晚年，张謇仍然深有感触地说道："謇老矣，为地方而死，完成村落志愿，浩然无憾！"[2] 他所谓的"村落"，就是能与世界"文明村落"比肩而立的中国现代化城市。正是由于张謇打造"第一城"的不凡抱负和光辉业绩，才使众多有识之士感佩不已。2009 年 8 月，文化名人余秋雨在来南通与笔者晤谈时，提出了一个令人耳目一新而又不失公允的观点：张謇不是用笔和纸，而是用行动和南通的案例，向全世界发布了振聋发聩的"南通宣言"，宣告中国人可以搞现代化。也正因如此，有学者精辟地指出，如果没有张謇，中国近代化的历史要改写。

南通当年为全国现代化提供的样本示范作用，为中国地区性现代化提供的标本实验价值，是十分独特而珍贵的。特别是以政治现代化推动全面现代化，以实业带动民生建设，以城乡互动推进区域一体化发展等，需要我们进行认真深入的梳理研究。

（二）为新时代中国现代化建设提供借鉴

当前，我国正在全面实现小康社会目标的基础上，迈上新时

---

[1] 张謇：《垦牧公司第一次股东会演说公司成立之历史》，李明勋、尤世玮：《张謇全集》第 4 卷，上海辞书出版社，2012 年，第 183 页。

[2] 张謇：《为南通坍事声告全国及南通父老书》，李明勋、尤世玮：《张謇全集》第 4 卷，上海辞书出版社，2012 年，第 376 页。

代社会主义现代化新征程。前事不忘，后事之师。南通是中国早期现代化的实验田、样板田，今天，我们依然可以在张謇当年现代化实践和探索中寻获参照和借鉴，依然能够从先贤们闪烁着时代魅力的独特性智慧中汲取丰富养料。

所谓现代化，就是对历史传统扬弃的同时，推进现实社会进行现代性改变的过程。自进入近代以来，人类社会就进入了全面加快推进现代化的时代。在现代化过程中，尽管不同的国家，不同的历史阶段，现代化所展现的形式，包括所遇到的问题和取得的成效各不相同，但现代化的趋势、潮流及其基本规律都是相同的。因此，不同国度，同一国度的不同时期，现代化经验是可以相互参照借鉴的。特别是围绕"现代性"问题而展开的各种现代化举措，更是可以在分析比较中，选判出对当下仍然有益的合理内核。

与不同国度、不同时期的现代化状态表现迥异一样，关于"现代性"如何概括的理论观点也纷呈多样，甚至相互对立。但学界似乎普遍认可，现代性应包含市场经济、民主政治、科学理性和历史进步主义四个基本要素。当年张謇在南通的现代化实践，正是包含着这四个基本要素才获得了基本的成功，以至于使南通成为"中国近代第一城"。

当年，张謇力图打破"洋务运动"官办经济的模式，大力发展民营经济；以地方自治的名义，在力所能及范围内，使南通稍有民主政治的色彩；在创新意识和技术理性的引领下，合理地从宏观上确定现代化的战略目标和施工图，从微观上制定具体的运行制度和管理手段，以推动历史进步主义践行为主旨，立足公平正义，针对政治腐败和社会黑暗，力图进行政治、社会、道德、文明等多方面的改革。这些宝贵的历史实践和经验，对我们今天的现代化建设，显然仍具有参照性和启迪性。

当然，囿于时代的局限，张謇在南通的现代化实践，并不能将这四个基本要素充分展开，甚至还会在某些方面一筹莫展，以致留下了许多缺憾，他也因此被人称为"伟大的，失败的英雄"。对照张謇当年正反两方面的经验，今天我们更有理由，也更有条件沿着市场经济、民主政治、科学理性和历史进步主义的总体方向，把有中国特色的社会主义现代化建设推向时代的高峰。

当今，我们正在依据政治、经济、社会、文化、生态五位一体的总体布局，整体推进新时代的社会主义现代化建设；正在以提高国家治理体系和治理能力现代化为前提和保障，全面提升国家的现代化水平；正在弘扬社会主义核心价值，着力提升现代化文明水平，促进人的现代化。在这个伟大的历史进程中，我们依然可以从张謇当年的创造性、开拓性的探索中，获取灵感和体悟。

在此，占用一些篇幅借题发挥，谈谈对城市及其治理现代化的基本看法。

我们知道，城市的现代化内涵十分丰富，它包括城市建设的现代化、功能的现代化、产业现代化、居住环境的现代化、社会秩序现代化，甚至包括居住在城市中的人的现代化。这些现代化的实现，不仅仅需要城市建设和管理的专业性、技术性手段，更需要带有综合性、根本性、统领性的现代化治理途径。这涉及政府治理体制机制和能力的现代化，也就是政治现代化的问题。从某种意义上说，政治现代化，也就是政府治理现代化。

2019 年 11 月 2 日，习近平总书记在考察上海时强调：要深入学习贯彻党的十九届四中全会精神，提高城市治理现代化水平。要统筹规划、建设和管理生产、生活、生态等各方面，发挥好政府、社会、市民等各方力量。这再一次为我们指明了城市治理现代化的方向。

我认为，政府城市治理的现代化，主要包括两个方面：一是政府城市工作职能的现代化，二是政府治理体系的现代化。政府城市工作职能的现代化，就是按照现代化的要求，确定和完善城市工作职能，主要体现在"画""建""管""用"四个方面。

所谓"画"，就是对城市各方面，包括城市的形态布局和经济社会发展蓝图进行勾画、描绘，是一种广义的城市规划。在这里，主要是依托城市原有的资源，包括自然资源（自然条件、地形地貌、环境空间等）和人文资源（历史文脉、文化积淀、既有产业布局、传统建筑风格等），对城市进行整体性、统筹性、引领性的规划和设计。这是城市建设和治理的"龙头"，其水平的高低，直接决定着城市现代化的程度和方向。

所谓"建"，就是对城市进行全方位的建设，把描绘的蓝图变为现实状态。这是地方政府日常工作中着力较多的方面，也是城市现代化状况的直观表现。以现代化的标准建设好城市，是城市治理现代化的基础，也是政府现代化治理职能所在。广义的"建设"，应包括物质文明和精神文明建设两大方面。精神文明建设的现代化，主要是着眼于人的现代化，提高市民的思想素养和科学文化素质，培育以社会主义核心价值观为内核、市民广泛认同的城市精神，这也是城市现代化的题中应有之义。

所谓"管"，就是对城市的各种有形物体和社会秩序进行全面管理。这是政府治理现代化的重要职责。城市的各种建设设施和公用物品应该管理，各个领域的工作和生活秩序及社会治安更应该管理。地方政府对城市的管理职能，更接近"治理"内涵，也更能反映治理的现代化水平。城市中的矛盾和冲突越来越突出，地方政府"管"的任务越来越重，所遇到的挑战和难题也越来越多。在克服重建轻管的倾向的同时，必须积极推动由单一的行政化管理向行政化与社会化并举的综合治理转变，由单纯的强制性管理向人性化治理转变，由简单的管理型向管理与服务相融合型转变。

所谓"用"，就是在"画""建""管"的基础上，对城市进行合理而有效的综合利用。实际上也就是要使城市为人服务的功能最大化。比如，要发挥城市为居民的生产和生活提供最优服务的功能，为经济社会健康发展发挥最佳的集聚辐射功能，为工业化、城镇化发挥最强驱动引领功能，等等。"用"好城市的过程，既是发挥城市作用的过程，也是使城市不断保值、增值的过程，更是使城市居民享受现代化成果的过程，从而使城与人和谐共生、融合发展。正如习总书记 2019 年在考察上海时所指出的那样：要努力创造宜业、宜居、宜乐、宜游的良好环境，让人民有更多获得感，为人民创造更加幸福的美好生活。城市"用"得好，才能最终体现城市治理现代化的水平。

除了"画""建""管""用"等城市工作基本职能的现代化，城市的政府治理体系现代化也非常重要。因为，城市工作职能现代化，乃至整个城市的现代化，最终还要依赖于地方政府治理体系的现代化。所谓地方政府治理体系的现代化，主要表现为以下"四个化"。

第一，决策的民主化。众所周知，现代治理和现代民主政治的重要标志，就是决策的民主化。在城市治理的过程中，政府决策的正确性和正当性，取决于广泛而充分的民主。决策的正确合理和决策行为的正当合法，依赖于扎实的民主基础。缺乏民主，不仅会使决策错误或违规，而且即使是正确的决策，也往往难以贯彻落实。因为由于缺少正当性，从而缺少公信力和执行力。由此可见，决策民主化既是现代政府的基本标志，也是城市治理现代化的必由之路。政府作为城市现代化建设的决策者、推进者，应尊重城市历史、立足城市现状、把握时代要求、回应人民期盼，端正城市发展指导思想，做出顺应城市发展规律的科学决策。

实践证明，没有城市公众的有序参与、民主监督、协商共治、权力制衡，地方政府对城市治理的决策及实施将陷入难以避免的偏颇和无力。当前许多地方出现的城市治理乱象，包括乱拆乱建、乱管乱治，大多与决策不当有关，而决策不当的背后，是因为决策不民主。如果事先发扬民主，听取意见，许多恶果是完全可以避免的。当然，若深究起来，决策不民主的背后，是民众对政府及其官员的选择和监督等民主权利尚未真正落实。在民主选举和民主监督机制健全的国度和城市里，决策者是不敢、不愿、不能乱决策的。

第二，管理的法治化。依法治理是现代文明国家的根本性要求，法治是国家治理现代化的基本原则和重要标志。离开法治，所谓的治理体系和治理能力的现代化，就是一句空话。同理，政府治理的法治化是政府治理现代化，乃至城市现代化的根本所在。善于用法治理念、法治思维和法治方式去治理城市，实现从"统治"向"治理"、从"人治"向"法治"、从"管制"向"善治"的转变，这是城市现代化发展的必然趋势，是政府治理现代化和城市现代化的核心体现。靠一套完善的法治体系管理城市，可以一通百通、事半功倍。摒弃法治、推崇"人治"，则会疲于奔命、一事无成。对此，我深有体会。

2001年，我在南通当市长，发现城市面貌脏、乱、差的背后，是因为城市管理执法工作存在职责边界不清、管理方式简单、执法行为粗放等问题。说到底，是法治的缺失。解决这些问题的根本手段是完善法治。于是，我们在江苏最早争取到国家综合执法城市管理改革试点，成立了城市综合执法管理部门，集中执法、统一执法、规范执法，从法制、体制、机制、编制等方面解决城市管理问题，并明确市、区、街道职责分工和运行机制，形成"两级政府、三级管理、四级网络"的管理格局，从而一举改变了"七八个大盖帽管不住一个破草帽"的现象，也改变了脏、乱、差的城市面貌。曾被朱镕基总理严厉要求"要把城市从垃圾堆中解放出来"的南通，几年后得到了他的高度认可。他在再次来南通时，高兴地称赞南通是江苏发展变化最大的城市，南通的濠河是"东方的威尼斯"。

第三，运作的高效化。政府运作的高效化，意味着运作程序最简练、方式最快捷、成本最低廉、成效最显著。现代城市治理事务繁多、变化多端，政府必须以高效的运作跟上城市变化发展的节奏，没有政府的高效运作，就没有现代化的治理。政府运作的高效化应主要从三个方面着手。

一是强攻改革快干事。目前，随着城市化进程的加快，城市管理面临诸多问题，突发事件（生产交通安全事故、公共自然灾害、社会矛盾引发的群体性事件）不断发生，"黑天鹅"和"灰犀牛"频频而来。通常所谓的公共应急管理，成了政府治理城市的重要职责和严峻考验。当前，要着重解决政府功能紊乱、职能缺失、效能低下这"三能"问题。这必须以管理方法的创新、治理体系的改革、政府效能的提高来解决。

二是统筹协调干好事。政府运作的高效，最终应体现在经济、政治、社会、文化、生态"五位一体"的协调发展上。这就要求政府管理者打好"组合拳"，努力推动遵循经济规律、社会规律、自然规律的科学发展。多年来，南通政府与南通人民共同探索实践，走出来一条在科学发展观和新时代中国特色社会主义思想指导下的跨越发展道路，形成了全面协调可持续发展的"南通现象"，取得了良好的发展绩效。这在很大程度上，取决于合理的统筹协调。

三是降低成本干成事。要提高治理效能，就必须降低损耗，主要表现为：开支低、机构少、人员精；领导班子内部及政府各部门之间内耗摩擦少，运转有序；按市场化原则利用资源，提高经济和社会效益。政府应通过深化行政体制改革等措施，降低行政成本和制度交易成本，包括减少内部摩擦损耗，节省人财物支出，提高行政管理效能。同时，发挥市场在资源配置中的决定性作用，引导非公市场主体参与城市公共设施建设。当年我们在南通，就是利用民营企业的资本建起了大型公共体育场馆，利用外资企业资本建起了大型海洋港口。至今，这还是全国首例。

第四，自身建设的科学化。"打铁还需自身硬"，政府治理的现代化有赖于政府自身的现代化。作为城市治理主体，政府决策的民主化、管理的法治化、运作的高效化，最终还要靠自身建设的科学化来实现。所谓政府自身建设的科学化，实际上也就是遵循现代政府的运作规律，按照政治现代化的要求，科学地建立政府、建设政府、运行政府，包括从政府设立到政府运作全过程。政府自身建设科学化应着重突出四点。1. 政府建立和施政的合法化——人民授权、人民选举、人民监督。这是确保政府科学化的前提和基础。2. 政府机构设置和日常运作的合理化——精干、高效、规范、有序。这是政府充分发挥职能作用、提高工作效能的基础性条件。3. 政府工作人员的高素质化——专业、敬业、勤政、廉政。这是政府科学化的人力保障和必备条件。4. 政府效能建设的制度化——权力制衡、问责激励、绩效评估、奖优罚劣。这是政府科学化的制度建设和目标追求。

总之，城市的现代化离不开政府治理的现代化。我们城市现代化水平不高，并不仅仅是因为缺乏专业技术手段和专业技术人才，而是因为缺乏健全的现代化治理体系。我们有时"画"不好城市，是因为缺乏民主决策和民主监督；我们有时"建"不好城市，是因为缺乏高效有力的政府运作；我们有时"管"不好城市，是因为缺乏科学完备的法治手段；我们有时"用"不好城市，是因为缺乏有远见卓识、敢于担当的政府官员。因此，我们与其头痛医头、脚痛医脚地"治理"城市，不如从根本上建立起一整套现代化的治理体系，从而使城市的现代化成为必然和触手可及的现实目标。

现在，再回过头来说说"第一城"的另外一点意义：

（三）为当代南通发展提供物质基础和精神动力

近水楼台先得月。当年的"中国近代第一城"，从总体上看示范引领了全中国，惠及全中国，直接造福的却是南通。至今仍获益最大的，还是南通。张謇当年在南通的实践和成就，已经成为南通今天现代化建设的基础。如现在的产业体系、城市基础设施及各项民生事业等，甚至包括人才的涌现、科技的领先等。南通的纺织之乡、教育之乡、体育之乡、建筑之乡、文博之乡等八张靓丽的城市名片，均有赖于当年张謇所奠定的基础和传承。

如今在南通的城乡各地，大街小巷，到处留下张謇当年创建的工厂、学校、慈善机构和公共实施，这是一笔可贵的物质遗产。但比这些物质遗产更为宝贵的，是他遗留人间的精神遗产。无论是在国学、哲学、科学、社会学等学术方面，还是在政治、经济、文化、教育等建设方面，他都留下了弥足珍贵的思想精神财富。

张謇的精神遗产无比丰富，但直接构成南通现代化发展精神动力的还是他所孕育的南通城市精神。了解这一点，对于我们更深入地理解当年"第一城"的丰厚价值，以及更好地进行当今区域现代化的探索，均很有意义。

一个城市发展得好与不好，要看这个城市的精神气质、精神动力。张謇在打造"中国近代第一城"的时候，也打造了近代的南通精神。张謇一手孕育出的南通近代城市精神对南通城市的突破性发展起到了关键性作用。张謇对近代南通精神的孕育主要表现在三个方面：

一是自身行为的示范引领。榜样的力量是无穷的。像张謇这样杰出的主导性的人物，他在方方面面的一言一行都会起到表率作用。例如：他志存高远，脚踏实地，给人一种新的精神和思想风貌。有远大理想和抱负的人很多，但同时脚踏实地做出成效的人不多；肯干务实的人也很多，但同时拥有崇高的境界与远大志向的人不多。既有远大抱负又能求真务实脚踏实地做事，这在张謇身上体现得十分充分。这种精神不仅在创办工厂、创办学校中体现得淋漓尽致，在政治活动过程中也是这样。他有崇高的现代民主政治理念和远大的政治变革志向，但对康、梁的态度及其在各种政治活动中，都体现了他不冲动冒进、稳健务实、脚踏实地，一切从实际出发的精神。他儿子张孝若也说：他抱定主义，立定脚跟，要创造一个新局面和新事业。孙中山也评论他是干实事的人。他确实是一个有理想、有实践、有成就的人。他开拓创新、与时俱进。张謇作为新旧时代转换中的士大夫，眼光超前，思想解放，紧跟历史潮流，站在时代前沿，在各方面奋力开拓，不断创新，创造了不朽的历史功绩。所以胡适说他"独立开辟了无数新路，做了30年的开路先锋"①。他在整个现代化的进程中，都在开拓创新，与时俱进，非常难能可贵。办工厂，一开始起点就很高，搞现代公司治理，搞股份制等等。他在政治上不断地转变和跟进，往往被后人评论为"多变"，实际上这正反映了他了不起的、与时俱进的品质。因为时代在变，形势在变，他也要不断调整自己的思想观念，紧跟时代的步伐。而且，他的变不是往坏处变、不是往后退变，而是往好处变、往前进变。不管他怎么变，始终都是围绕着"强国富民"的政治抱负在变，根子上是为了使国家富强，人民幸福。他开放包容，兼收并蓄。他秉持"开放主义"，对国外开放，对南通之外的地方也开放；对资金、科技、企业管理等生产要素开放；对外来的文化艺术、思想观念、生活方式等文化元素也开放，全面兼收并蓄；对人才也持开放的态度，在当时中国那么混乱、那么落后贫穷的局面下，历史上的许多中外名人都来过南通，王国维、梁启超、竺可桢、丁文江、

---

① 胡适：《南通张季直评传》，张孝若：《最艰难的创业者：状元实业家张謇传》，新世界出版社，2016年，第3页。

陶行知、梅兰芳都到南通和他见过面，探讨过问题。有来自日本、荷兰、英国的70多名专家在他的公司工作。

二是地方治理的教化。近代南通精神是怎么形成的？南通人的思想观念是怎么大幅提升的？这显然和地方治理与地方建设有很大关系。现代化市政建设和管理，必然会促成现代化的观念形成。落后国家、落后地区形成不了现代观念，是因为没有现代的物质载体。张謇在南通搞了一批现代化的载体，奠定了现代化的物质基础。一系列全新的实业、教育、社会公益和市政现代化的设施和功能在造福民生、启迪民智的同时，必然催生民众现代意识的形成。张謇办了那么多学校和文化公共设施，教化功能更为直接和明显。他一方面给予民众以新知识、新思想、新观念，一方面又培养具有新时代素养的新人。南通走出了一大批科学家和方方面面杰出的人才，追根溯源都和当时的基础和源头分不开。在这种情况下，南通必然在全国率先除旧布新，移风易俗，领风气之先，形成新的城市精神。所以，蔡元培为张謇逝世写的挽联的上联是："为地方兴教养诸业，继起有人，岂惟孝子慈孙，尤属望南通后进。"[1]张謇宏大的社会进化理想就是以实业求人民富足，以教育提高人民素质，以慈善公益缓和社会矛盾，以文化礼乐移风易俗，最终营造一个现代化的"新新世界"。

张謇还特别看重戏剧这类大众文化形式对普通民众的教化作用。他认为，"要改良社会，文字不及戏曲之捷，提供美术工艺不及戏曲之便"[2]。因此，他创办了中国近代第一所戏曲专科职业学校——伶工学社，并建设了当时属国内一流的剧场——更俗剧场。学社与剧场相呼应，着力推出以改良社会、教育民众为宗旨的新剧目，剧场实行现代化制度管理，为当地的社会文化注入了前所未有的现代文明气息。

三是时代精神的倡导。张謇一方面在示范和教化，一方面又在大声疾呼倡导时代精神。概括地说，张謇主要倡导以下三种精神：一是除旧布新，变革图强。在新旧时代转换的时候，旧势力错综复杂，张謇能在精神上带头转型，实属难能可贵。他儿子张孝若说："父亲的思想事业很有创立的精神，看事常看早 10 年，做事必须进一步，思想要有时代性，实业要应着世界潮流，没有顽腐的成见。"① 二是文明和谐，尊法守信。张謇对股东、对职工都很好，他对社会上的孤寡老人、弱势群体、扶贫对象更好。他号召要以法为本，忠实不欺。他认为，大家都要自觉守法，这是社会的根本和灵魂。他的哥哥张詧在做警察局长的时候规定，晚间车辆、轿子行走时一定要点灯。有一次，张謇手下抬轿子时没点灯，被巡逻发现要罚款，张謇不但认罚还给这个巡警奖励。这说明他带头守法的意识非常强。三是坚苦自立，奋发进取。他在各种经济和政治活动当中都强调这一点，希望大家能够艰苦奋斗，竭尽所能，奋发图强，不断进取。中国近代著名建筑设计师孙支厦就在张謇的一手培养下，并在其提倡的自力更生、艰苦奋斗的时代精神的感召下，设计了很多著名的被后世公认为中国近代最先进的建筑，成为一个人才的典型。

那么，南通精神到底是什么？我认为近代南通精神是一种变革的精神、创新的精神、创业的精神、开明的精神、包容的精神、开放的精神。我觉得张謇不仅是南通实业之父、教育之父、城市之父，也是南通精神之父，是他一手孕育了近代南通精神。我在 2006 年第四届张謇国际学术研讨会上也讲过："我们要更深刻地理解和继承张謇先生的爱国主义思想精髓，更深刻地感悟和

---

① 张孝若：《最艰难的创业者：状元实业家张謇传》，新世界出版社，2016 年。

弘扬张謇先生身上所体现出的敢为人先的创新精神、百折不挠的坚强意志、泽被乡里的爱民情怀和脚踏实地务实风范。"

　　既然张謇孕育了了不起的南通精神，那么南通精神在当代又是如何继承和弘扬的呢？进入新世纪以后，我们利用吴良镛评价南通是"中国近代第一城"的契机，对张謇的成就和精神文化遗产进行了宣传和推广。2005年，我们发动和组织南通精神大讨论，最终，依据观照历史、立足现实、引领未来这三个原则，将南通精神提炼概括为8个字："包容会通，敢为人先"。我们以城市精神来衡量做事的成败，做到了就给予表扬和鼓励，没做到予以鞭策。事实证明，精神的力量、文化的作用是无穷的。通过对南通精神的弘扬和倡导，南通在方方面面都发生了巨大的变化。我当时概括了南通在5个方面的面貌变化：城市面貌、经济面貌、社会面貌、生活面貌、精神面貌。其中，我最看重的、觉得最难能可贵的是精神面貌的变化。南通人现在更加包容了，更加开放了，心胸和视野也更加开阔了，对外来的生产要素，包括企业、资金、技术、人才，更愿意接纳了；对外来的文化元素，包括思想观念、生活方式更加接受了，人际关系也更为融洽；南通人更敢想敢干了，敢干别人没干过的事，敢走别人没走过的路。这些都在改变人的精神面貌的同时，给城市的各方面面貌带来了巨大变化。特别是"敢为人先"的光大弘扬，更是在城市突破性发展中发挥了关键性作用，引领南通人创造了许多争先创优的当代奇迹，圆了精彩纷呈的"南通梦"。

　　2006年第四届张謇国际学术研讨会上我曾谈到了城市精神的巨大引领作用："大力弘扬包容会通、敢为人先的新时期南通精神，奋力推进跨越发展、科学发展、和谐发展，开创出速度效益双双领先、外资民资比翼跃升、江海开发联动突破、城乡县域整体跨越、三个文明协调推进、农民市民共同富裕、人与自然和谐相处的既快又好发展局面，成为长三角发展最快、活力最足、潜力最大的城市之一。"我认为，底蕴深厚的南通精神催生了跨越发展的南通现象。直到今天，我仍觉得南通在独特的城市精神的引领下，在各方面还是走在前面的。今后南通城市中有形的东西还会不断变化更替，但南通精神这个看上去无形的东西，却会永放光芒。南通当下最重要的努力方向，就是进一步弘扬张謇所孕育的城市精神，继承先贤伟业，再创时代辉煌！

商海驰骋德为先

　　纵观张謇的一生，他的最了不起的地方，就在于始终以儒家圣贤的标准要求自己，立志做一个"圣人""完人"。他特别看重修身立德，把道德品行看作安身立命之根本。他是真正的以修身齐家为基础，以治国平天下为己任的一代大儒。他始终秉持儒家"为天地立心，为生民立命，为万世开太平"的核心理念和终极追求，在任何情况下，无论从事任何工作，都能成为道德方面的模范。可以说，道德信念已经成了他一生的自觉的价值规范，甚至像一种宗教信仰，发自内心的信奉践行，不需督促，不容置疑，不可动摇。他能在以逐利求富为首务的茫茫商海里，依然做到家国一体，大德为先，把道德追求放在第一位，始终用道德标准衡量和指导自己的经商行为，这是他超越一般商人的卓越之处，更是他境界崇高和事业成功的根本原因。

　　在张謇的心目中，对于一个企业家来说，商业道德比商业技能更为重要。他于1911年6月去北京商业学校的演讲，明确告诫学生："商业无道德，则社会不能信用，虽有知识、技能，无所用之。故知识、技能与道德相辅，必技能、知识、道德三者全，而后商人之资格具……诸生在学校中须养成道德之习惯，毋谎言，毋占便宜，毋徒取虚名，著著从实上做起。自审将来在世界上作一何等人物？"①

---

　　① 张謇：《商业初等学校演说辞》，李明勋、尤世玮：《张謇全集》第4卷，上海辞书出版社，2012年，第195页。

张謇在这里强调，做事首要要做人，经商首先立德。在"自审将来在世界上做一何等人物"和"养成道德之习惯"后，方可运用好所学到的知识、技能，成为一名真正的企业家。他是这样要求他人的，自己更是这样做的。在道德方面，包括商业道德方面，他堪称是一代楷模。

张謇一生在经商活动中，所表现出的崇高的道德思想和模范行为，可以从多方面予以考察和总结，但最主要的可概括为以下四个方面（且可以以他说过的话为标题）。

一、"大德曰生"——以造福民生为最大德行

中国的民本思想在传统文化中源远流长，早在商周时的《商书》中，便有"德惟善政，政在养民"及"民为邦本，本固邦宁"等说法。最能体现民本思想核心内容的是民生观念。因为，只有搞好了民生，才能真正实现民本思想。作为奉行中国传统的民本思想，又吸纳了世界先进文明思想的"儒商"，张謇必然会把致力于造福民生，看作商业道德之首。

张謇认为，世界上人的生命、生存、生活是最根本的。因而，人世间最大的德行，就是保障和提升人的生命、生存、生活质量，也就是所谓的造福民生。他之所以把他最早创办的纱厂命名为"大生"，亦本此意。从他对"大生"二字的三种解释，便可以明显看出这一点。

第一种解释是，张謇在大生纱厂已办成了若干年后，对他的好友、同事刘厚生所言："我们儒家有一句扼要而不可动摇的名言：'天地之大德曰生'。这句话的解释就是说一切政治和学问最低的期望，要使得大多数老百姓，都能得到最低水平线以上的生活。换句话说，没有饭吃的人，要他有饭吃；生活困苦的，使他

能够逐渐提高，这就是号称儒者应尽的本分。"[1] 因此，张謇认为，"今之国计民生，以人人能自谋其衣食为先务之急。衣食之谋，在于实业"[2]。

孔子在《易经》里曾说过，"天地之大德曰生，生生之谓易"。大意是指天地的最大恩德，是为宇宙和人类提供了生生不息的环境，让各类生命各得其所，安身立命。张謇在这里借题发挥，将他创办大生纱厂的初衷说成是让百姓能有基本的生存条件和生活保障，而不是为了自己赚钱发财。这可以看作他所追求的"大德"的基本含义，也是他远远高于一般经商者的思想境界和道德水准的标志。正因如此，张謇的这段话一直被广泛引用，成为"大生"二字的权威性解释。

其实，张謇对"大生"还有第二种解释。那是在大生纱厂刚成立不久，他为之题写的一副对联："通商惠工，江海之大；长财饬力，土地所生。"上联的大意是说，把关系国计民生的工商业发展起来，要有江海那样的大胸怀，做出江海那样的大成就。下联的大意是说，我们要把能生长财富的东西都挖掘出来，把全部的力气都用上，让大地上能生长的东西都生长出来，以造福人民和国家。这是张謇对"大生"厂名的最早解释，同样反映了张謇的办厂宗旨、不凡志向和道德追求。

另外，张謇对"大生"还有第三种解释，这也是张謇为大生纱厂题的对联："秋毫太行，因所大而大；乐工兴事，厚其生谓生。"大意是说巍巍太行之所以能以秋毫积其大，是因为它有大的气魄、大的内涵、大的道理。我们现在办工商、兴事业，也要从大处着眼，立足民生，看重百姓生活，这样才能造福人民，并使企业长盛不衰。张謇在这里强调的依然是不要拘泥于鸡毛蒜皮

① 张孝若：《最艰难的创业者：状元实业家张謇传》，新世界出版社，2016年。
② 张謇：《答顾昂千书》，李明勋、尤世玮：《张謇全集》第3卷，上海辞书出版社，2012年，第845页。

的蝇头小利，而是要有胸怀天下的大格局、泽被苍生的大追求，即他所说的"大德"。

张謇对"大生"的三种解释，都刻意把"大"和"生"二字嵌入，其含义虽略有不同，但都表达了他以造福民生为最大德行、最高追求的思想理念。实际上，他自己"舍身喂虎"办实业，周旋奔走于极为反感的利禄场，就是基于拯民于水火，为民众开源生利的信念。他始终秉持这样的思想理念，办企业、兴事业，取得了常人难以企及的成功和声誉，也塑造了别人难以望其项背的"商海完人"的形象。

为了显示造福民生、惠及百姓的经商办厂初衷，张謇还将许多大生企业集团下属的企业以"大生"命名，如大生二厂、三厂、六厂、八厂，大生轮船公司，大生织物公司等。这些企业的创办，既引领了中国近代企业的发展，为当时的中国经济增添了实力，又直接改善了南通当地民众的生活。在 20 世纪 20 年代，南通农户每家平均拥有土地 5.427 亩，每亩年产折合 13.97 元，即每个农民家庭（按每户 5 人计）即使不扣除田赋和种田成本，年总收入也仅约 76 元。而在大生一厂工作的女工，年工资即有 90 元（男工为 120 元），大大超过当时农户全家年均的总收入。

另外，张謇创办通海垦牧公司的目的，除了为大生纱厂提供原棉外，主要是为灶民和贫苦农民脱贫脱困，并建立一个具有现代生活水准的城乡社区。张謇计算，若开辟垦荒棉田 100 多万亩，每户 5 口之家农户领田 20 亩，可供十几万户耕种，养活近百万人。从 1901 年开始，到 20 世纪 20 年代，他新办的 49 家盐垦公司已开垦土地 400 余万亩，大片沿海荒地的开发为大批移民开辟了崭新的生活方式，垦区的城镇化、现代化水平大大高于周边乡镇。仅淮南各公司就新建市镇 25 个，建小学 54 所，中学 2 所，训练班 2 所，气候测量站 10 所，轧花、纺织、榨油工厂 14 家，仓库 474 座，合作社 95 个，医疗诊所 10 所，新建住房和商店更是不计其数。新垦后民众的生活和地位差不多跨越了一个历史时代。

张謇自谓自己"时而忧国计，时而忧民生"[①]，而"忧民生"的最主要表现，就是把实业赚来的钱大多用在教育、体育、卫生、市政、慈善等事业中。他一生兴办了从幼儿园、小学到中学、大学等各种各类学校近400所，姑且不谈。1917年，他和三兄张詧捐资建设了南通最早的公共体育场（或许也是中国最早的民办公共体育场）。同一年，他还兴建了东、西、南、北、中五所对民众免费开放的公园（或许也是中国最早的，1913年兴建的唐闸公园更早）。张謇对于安置"失教"和"失养"贫弱人群的慈善事业，更是情有独钟。他于1913年用60岁寿辰时亲友贺礼馈赠，建立了南通第一养老院。1922年，又践行"十年续办一院"[②]之约，用70寿辰所收之贺礼3万余元，建造了第三养老院。同年，他还在南通医学专门学校东南兴建南通医院，赤贫者诊病可免收药金。接着，他又兴办了贫民工厂、残废院、娼妓济良所、栖流所、旅殡所等一系列慈善公益机构。

张謇在与他的哥哥张詧分家时，曾写下一份"析产书"，文中表明"此后之皮骨心血，当为世界牺牲，不能复为子孙牛马，则余二人志愿之所同也"[③]。"为世界牺牲""为世牛马"，反映了他的人生宗旨和崇高境界，体现了"家国一体""大德为先"的伟大情怀，也树立起了企业家精神和商业道德的最高坐标。

只要对民生有利，哪怕是"舍身喂虎"，他也在所不惜；只要对民生有利，哪怕是历经艰难险阻，他也坚毅前行；只要对民生有利，哪怕是个人的企业少得利，甚至捐弃所有，他也义无反顾；只要对

① 张謇：《上国务院书》，李明勋、尤世玮：《张謇全集》第1卷，上海辞书出版社，2012年，第479页。
② 张謇：《第三养老院开幕演说》，李明勋、尤世玮：《张謇全集》第4卷，上海辞书出版社，2012年，第508页。
③ 张謇：《析产书》，李明勋、尤世玮：《张謇全集》第6卷，上海辞书出版社，2012年，第306页。

民生有利，哪怕是"越位"去打造"中国近代第一城"，他也全力以赴。这就是毕生追求"大生""大德为先"的企业家张謇。

1933年，青年作家刘大杰采访南通民众后，深情写道："到现在，他是已经死了，但谁不记得他，谁不追念他！一个黄包车夫，一个舟子，你停下来只要开口说一句：'你们南通真好呢！'他就这么回答你：'张四先生不死就好了。'要像这样，才配得上称为一个事业家、社会改革家，他的精神，真是深深地入了民间。这种人的伟大，比起一国的元首，或是国际名流，空谈着理论的学者，是要十倍、百倍的吧！他的长处在什么地方呢？就是他能抛弃世俗的名利，脚踏实地地做一件自认为有益民众的事业。而这种事业，是一般聪明人、投机人认为不屑做的。他却能大处着眼、小处着手做下去，就在这种地方显出了他的伟大。"[①]"他真是民众的造福者，民间的基督。"[②]

二、"将信为本"——以商业道德的核心"诚信"为根本遵循

"诚者，天之道也；思诚者，人之道也。"张謇自幼浸润于大讲诚信的儒家经典，后又接触、吸纳了大量的现代文明的信用、法治观念，因而始终把诚实守信当作自己做人、经商的安身立命之本。他在经商活动中，特别看重并模范遵守契约精神、守约观念、法治意识这些基本的市场经济道德规范。

"将信为本"这句话出自张謇为上海织布交易所的题词："抱布贸丝，交易而退，各得其所；成贾征偿，将信为本，循之以行。"这副题词的主要意思是说，就如棉布与丝绸的商品交换，商业贸易的本质是以物易物，互通有无，各得其所，因而要以诚信为本，共同遵循商德准则。张謇在这里既讲明了商业道德的核

---

① 刘大杰：《绿杨城》，《现代学生》2卷9期，1933年6月。
② 同上

心——诚信，又道出了市场经济的真谛——公平。因为，只有做到诚信，不搞欺诈和违约失信，才能体现公平原则。只有遵循公平原则，才能使市场经济健全繁荣。

市场经济的基本规则就是买卖公平、恪守信用。各市场主体应公平合理地追求应该得到的经济利益，而不要豪取强夺、欺诈舞弊。因此，市场经济也可以看作"契约经济"或"信用经济"。张謇之所以提倡"将信为本"，一方面是为了兴商强企，使企业立于不败之地；一方面也是为了完善有序、公平的市场经济，从这里可以看出，张謇既有较高的商业道德水准，又对现代市场经济有较深的理解。

张謇既是一个传统的士大夫代表性人物，又是一个具有现代市场经济意识的企业家，因而不仅能将诚信作为为人处事的道德规范，处处遵循，而且将之作为经商办厂活动的基本准则，全力践行。

张謇不仅自己笃守诚信、以身作则，而且始终不忘在自己创办的各类企业和学校中极力倡导诚信笃敬的文化。他为各个学校亲自拟定的校训，大多与诚信有关。例如通州师范学校"坚苦自立，忠实不欺"[1]；长乐张徐女学"平实"[2]；第一实验小学"忠信"[3]；第二实验小学"笃敬"[4]；南通专门学校"忠实不欺，力求精进"[5]；商业中学"忠信持之以诚，勤俭行之以恕"[6]；大生乙种农业学校"勤苦敦朴，立命於学"[7]；暨南大学"忠信笃敬"[8]。

张謇曾发起设立南通联合交易所，以便在活跃地方经济的同时，自身又可获利。可是，当他发现市场投机活动盛行，扰乱正

[1] 张謇：《各学校校训》，李明勋、尤世玮：《张謇全集》第 4 卷，上海辞书出版社，2012 年，第 444—445 页。
[2] 同上
[3] 同上
[4] 同上
[5] 同上
[6] 同上
[7] 同上
[8] 同上

常的市场经营，而相关的法律和监管制度又不完善，交易所若继续运行，就会给大量中小投资者和普通入市者带来亏损风险，便毅然放弃商业利益，解散、关闭了交易所。

张謇在企业经营活动中，最能体现"将信为本"精神的，是严守契约，注重信用。大生纱厂初创时，资金十分短缺，几乎导致纱厂功败垂成。但张謇还是信守承诺，通过"尽花纺纱，卖纱收花，更续自转"①，即使自己少获利，到期即付清各方借贷。在后来的经营中，他也特别强调纱厂的借款要好借好还，要求财务负责人，对于前来结账的人，即时核实结清，对于前来索要和应予偿付的账目不可稍有含混。

1913年，棉纱价格大幅跌落，事先的棉纱买主高位订货，大生纱厂棉纱预售在先，本可不受损失，甚至可以更多获利。但张謇为了构建牢固的互信合作关系，并养成"商贾活势"，让大生纱厂主动"略贬盘价"，低价出售棉纱5000多箱，并宽限交款日期。这已不是一般的讲信用，而是从根本上确立诚信品格和形象。

除了在与他人进行交易往来活动中，注重诚信以外，张謇还把企业的产品质量上升到诚信的高度看待。在他看来，诚信是企业的安身立命之本，而企业所生产的产品质量，则是诚信的基石。企业是拿自己的产品与他人打交道的，真正以"将信为本"的企业，必然注重产品质量，杜绝假冒伪劣，以取信和受惠于消费者。1910年秋，由于日商放价增购棉花原料，奸商趁机掺水，导致市场棉质奇劣，几无干货。大生纱厂则不为所动，坚持以高价选好棉，确保原料质量。

《大生纱厂章程》将企业分为"银钱总账房""进出货处"

---

① 张謇：《大生纱厂第一次股东会之报告》，李明勋、尤世玮：《张謇全集》第4卷，上海辞书出版社，2012年，第130页。

"工料总账房""物料所""轧花厂""拣花厂""清花厂""摇纱厂""成包厂""稽查""巡厂"等 20 多个部门与环节，并对其运作准则进行了周详的规定。这样就从原料到工艺进行了全流程的质量管控，从而确保了产品的高质量。

由于企业的信用和产品的质量集中体现在品牌信誉上，因而张謇十分注重企业和产品的品牌塑造。大生纱厂在多年的生产经营中，开发出了"魁星"等系列商标。中国神话中主宰文运的神就是"魁星"，张謇以"魁星"命名产品，一方面是标志出他独特的状元身份，一方面也是为了表示自己的产品要在同业中夺冠争魁的心愿。"魁星"系列产品分为正牌和副牌，正牌"魁星"是大生纱厂好上创优、优中取精的精品，完全按照最严格的方法选用通海本地最优质的棉花原料，不掺用任何洋花、客花，并按照最先进的工艺精心制作。"魁星"牌棉纱曾多次获国内外评比大奖，享誉海内外。同时，大生集团所属企业所出产的颐生酒等，也在万国博览会上获金奖。

张謇对外讲诚信，对企业内部也讲诚信。企业依照合同和承诺定期足额发放工资及兑现福利待遇，是对员工讲诚信的关键。大生集团无论是处于发展顺境，还是面临严重困难，都能坚持每两周发放一次工资，从不拖欠。同时，还对困难员工进行救济，对生孩子的女工予以专项补贴。

至于对股东和合作伙伴讲诚信，更是张謇念念不忘的重要原则。在"绅领商办"的办厂模式下，张謇是占股 50% 官股的代表者，官方对他授予全权，其他民间各股，鉴于无法形成一股独大的局面，再加上对张謇的高度信任，张謇拥有对企业的完全掌控权。一般的股东几乎对他没有任何制约，甚至对企业经营情况一无所知。1907 年大生纱厂召开第一次股东大会前，大多数股东只知分红得利，并不知道厂在何方，运营如何。在这种体制下，经营者很容易侵害股东权益，甚至以权谋私贪污腐败。但以张謇为核心的企业经营管理团队，凭着高尚的道德自律，不仅没有发生这样的情况，反而自觉尊重和维护股东权益。大生纱厂从建成之日起，每年按期将年度业务总结（说略）和财务报告（账略）编印成册，送到股东手中。在书面汇报的基础上，听取股东意见，接受股东监督。而且，无论在什么情况下，张謇都能兑现厚利股东的诺言。

大生的股东主要有两项收益，一是官息（又称官利，是给股东的固定回报，类似银行的利息），二是利润。按规定，公司无论盈亏，每年必须支付8％以上的固定官利。根据《大生纱厂重订集股章程》，利润共分13股，其中10股归股东，也就是说要将企业的70％利润分给股东。这样的利润分配方式，今天听起来人令人咋舌。有人甚至据此认为，张謇不懂扩大再生产和企业经营发展之道。但张謇乐此不疲，坚持不懈，从未间断。对此，他有他自己的理解。晚年，他在总结办厂创业经验时，曾深有感触地说道：如果世人以信用使人们乐于跟从，即使毫无资本之人，总可以吸取他人资本，成就事业。他以一介寒儒之身集股办厂，就是要借助股东资本之力，成其建设新世界雏形之志。[1] 因此，一定要厚待股东，立信于股东。大生集团从一两千元起家，发展为具有几千万元资本的全国最大资本集团，靠的就是这一点。也正因如此，张謇及大生集团凝聚了一大批讲道德守信用、笃实敬业的合作者和追随者。如"忠勇诚笃"的沈敬夫、"督工甚勤，竟日无懈"的高清、"笃实勤力"的孙支厦等。

作为一代品学兼优的大儒和引领新时代的现代企业家和政治家，张謇在诚信方面的过人之处还在于，他不仅自身以身作则、为人表率，而且促使各个企业和全社会都做到"将信为本"。张

---

[1] 张謇：《垦牧公司第一次股东会演说公司成立之历史》，李明勋、尤世玮：《张謇全集》第4卷，上海辞书出版社，2012年，第183页。

睿对此有着极为深刻的认识。张睿不仅把诚信看作道德要求，而且将其上升到信用制度及法律的层面看待。他认为，企业与企业、企业与政府的诚信关系必须建立在法律关系的基础之上。因此，对于企业来说，必须遵守法律，依法经营。对于政府来说，关键是要通过立法、执法，保护守信者，惩戒失信者，推动全社会的信用制度建设。张睿的法律意识特别强，他经商办厂，完全依照当时的商律、公司律等法律规范进行守法经营，照章纳税。遇到经济纠纷和利益矛盾，也依照法律程序维护自身权益。

张睿就任工商总长后，在《实业政见宣言书》中，正式提出了扶持中国实业发展的四项主张，第一项就是"乞灵于法律"[①]。他迅速而又全面地制定了各种经济法律法规，以改变"商人营业之始，既无法规之指导；违戾之时，又无法规之纠正；失败之后，又无法规之裁制"[②] 的状态。

他在致函商会联合会时指出，政府能够有所作为的是法制建设，只有健全法制可树立公民道德，培养社会信用。"而后可与外人共同营业，而后可与世界之商立于同等之地位"[③]。如果不通过健全法制来树立企业和社会的信用，中国工商业的振兴则无望。在这里，他更是把诚信守法上升到实现强国富民理想的高度认识。他特别强调，在认真立法后，政府不可朝令夕改，更不可有法不依，以致失信于民。他认为，如果有救国恤民的好立法得不到实行，使商业受损，"不独失大信于人民，尤增外人朝令夕改之讥"[④]。

张睿是一个非常讲规则的人，他的信用意识、法律意识，来

① 张睿：《实业宣言政见书》，李明勋、尤世玮：《张睿全集》第4卷，上海辞书出版社，2012年，第257页。
② 张睿：《家书：致张孝若》，李明勋、尤世玮：《张睿全集》第3卷，上海辞书出版社，2012年，第1522—1524页。
③ 张睿：《致商会联合会函》，李明勋、尤世玮：《张睿全集》第2卷，上海辞书出版社，2012年，第439页。
④ 同上

自他的规则意识。他对违反规则的商业欺诈行为十分恼怒，将其斥为"鬼蜮伎俩"，是下等市侩的行为。他认为，以欺诈自得的人，是"以不规则之自由，妨碍有规则之自由"①，是危害社会的害群之马，必须予以清除。

总之，从张謇一生的办厂经商经历来看，他的诚信行为已涉及企业对消费者的诚信、企业对企业和银行的诚信、企业内部管理的诚信、企业对政府和社会的诚信等各个方面，这是他的卓越之处，也是我们今天需要学习发扬的突出之处。张謇始终坚信、倡导、厉行"将信为本"。他出于对个人、企业、社会健康的根本需要，几乎将诚信原则发挥到了极致。他自述"生平待人坦怀相与，不事讥诈。"②"修身之道，固多端也，即就不说谎、不骗人做去亦可矣"③。他以"忠信笃敬"阐释信用，突出强调"忠则不贰，信则不欺，笃则不妄，敬则不偷"④。他常说，与其得贪诈虚伪的成功，不如光明磊落的失败。

三、"大利不言"——以义为先，追求"大利"

作为经济活动的主体，企业家经商办厂，挣钱逐利，理所当然，天经地义。然而，追求什么样的利，是仅仅追求个人和企业之利，还是最终追求国家和人民之利，却是一般企业家与卓越企业家的分水岭，也是企业家道德情操高下的试金石。在这里，涉及自古以来所有的经商者都会遇到的义利观的问题。实际上，也就是把道义放首位——以义为先，还是把逐利放首位——以利为先的问题。张謇在商海驰骋的种种思想言行表明，他是一位把国

---

① 张謇：《致商会联合会函》，李明勋、尤世玮：《张謇全集》第 2 卷，上海辞书出版社，2012 年，第 439 页。
② 张謇：《家书·致张孝若》，李明勋、尤世玮：《张謇全集》第 3 卷，上海辞书出版社，2012 年，第 1522—1524 页。
③ 同上
④ 同上

家人民利益放首位，以义为先的一代儒商、万世师表。

如前所述，张謇同一般企业家一样，经商办厂是要营利的。有所不同的是，他营利的目的是造福民生，他营利的手段是勤奋创业、恪守诚信、守法经营、善待他人。更为难能可贵的是，如同他信奉"大德"一样，他的终极追求，是国家和人民的"大利"。

在张謇对大生纱厂所提的众多楹联中，有一款是"生财有道，大利不言"。这既巧妙地把"大"和"生"二字嵌入，又表达了他不同凡响的商业道德和义利观。

在他看来，"生财有道"是指赚钱发财要遵循基本的道义准则，要讲原则，守规矩，不能赚昧心钱，发不义财。这是最起码的普遍道德要求。但仅仅做到这一点还不够，除了正当的挣钱发财以外，还要考虑国家和人民的"大利"，这是尽在不言中的高尚追求。这就是所谓的"大利不言"。也就是说，在义和利的关系上，要义利兼顾，以义为先；而利又分个人和企业的"小利"与国家和人民的"大利"。在"小利"和"大利"的关系上，既要同时兼顾，更要把"大利"放首位。追求"大利"，也就是追求"大义"。

张謇义利观的核心，是以义为先，以义为本。他对只讲利，不讲义的人，嗤之以鼻，深恶痛绝。他在 1919 年 11 月 8 日发表的《商校本科毕业训词》中说道："吾国人轻义重利，不法行为多本乎此。不知妄取非义之财，法律上之罚则纵不汝加，道德上之罪恶又焉所遁？"[①]

张謇的钱财观，也反映了他的义利观。张謇认为："一个人无论做事做官，私德第一要讲，讲私德，第一要金钱的公私界限分清，岂但不可贪得，并且不可牵混，所谓可以取可以不取之

① 张謇：《商校本科毕业训词》，李明勋、尤世玮：《张謇全集》第 4 卷，上海辞书出版社，2012 年，第 442 页。

间，也应该有个分寸"①。他说："有钱人的势焰，实在难受，所以我非有钱不可。但是那些有钱的人是一毛不拔做守财奴。我可是抱定有了钱，非用掉不可。"②"一个人的钱要经我的手拿进来，再用出去，方才算我的钱。人单单寻钱来财不算本事，要会用钱散财。"③ 他还说："应该用的，为人用的，一千一万都得不眨眼顺手就用；自用的，消耗的，连一个钱都得想想，都得节省"④。他在这里强调的是，要把挣来的钱全用于大众福利上面。总之，一切都是为了国家和人民的"大利"。

一般的商人都是"在商言商"，"利始利终"。这是由商业的本性所决定，只要依法经商获利，本也无可厚非。也有人"利始义终"，卅始时以逐利为主旨，但积攒了相当的钱财后，便能将钱财用于公益，回报社会，以"义"收官，这也是一种不错的选择。张謇信奉"义始义终"，这在茫茫商海中是极为不易的。他开始就从"义"出发，整个经商过程明"义"为先，最终还是落到"义"字上。这是他不同于一般经商者的伟大和高尚之处。

另外，最能反映张謇义利观和"大利"理念的，是他津津乐道、别具一格的"公仆"和"众仆"观点。

由于张謇在大生纱厂的股份很少，甚至可以忽略不计，因此，他在企业中承担了职业经理人的角色。在谈到他和大生纱厂的股东的关系时，他认为："营一事，使入资人享优厚之利，因渐明开投资合群之风气，此公仆之说也。域于一事，使入资人享优厚之利，因牺牲其身，为有限股东之牛马而悦之，而于世无预，此众仆之说也。"⑤ 在这里，张謇所说的"公仆"与"众仆"，

---

① 张孝若：《最艰难的创业者：状元实业家张謇传》，新世界出版社，2016 年。
② 同上
③ 同上
④ 同上
⑤ 张謇：《通州大生纱厂第八届说略》，李明勋、尤世玮：《张謇全集》第 5 卷，上海辞书出版社，2012 年，第 312 页。

在使人资人享优厚之利方面是共同的，即都要为股东和公司服务。所不同的是，"公仆"要在此基础上"开投资合群之风气"以便使社会和大众得到更大的回报和好处，实际上也就是符合公众利益和需求，即"为大众利益事，去一切瞋恨心"；而"众仆"则是除了为股东服务外，"于世无预"，即没有再多的贡献了。因此，张謇决心做一个"公仆"，在为股东服务的基础上，为公众服务，"恒为人言，为公仆可，为众仆不可"[①]。

其实，作为一个"众仆"，为企业谋求最大利润，为股东谋最大回报，已经是一个很合格的企业家了。但张謇远远不满足这一点，而要做一个明大义、求"大利"、行大德的"公仆"。

张謇艰辛创办纱厂 5 年，一直到开车出纱，始终分文未取。他还把 20 多年所得的公费、红奖等用于民生和公益事业，并把自己精心收藏的古董和家藏图书大都捐赠给南通博物苑和南通图书馆。这充分体现了他"皮骨心血，当为世界牺牲"[②] 的志向。但除了个人以私捐公、大公无私外，他还要把企业引向追求"大利"的境界。

在大生纱厂渐有赢利以后，张謇便一面大举扩张，创办了从工业到农业、到服务业的一系列利国利民的现代企业，一面动用大量企业赢利资金兴办教育、文化、慈善、市政等各项事业，直接造福当地民众，并引领全中国的现代化建设。这时，张謇不仅超越了个人的一己之私利，而且也超越了一个企业和一部分股东群体的利益。当有股东对此表示不解和不满时，张謇便义正辞严地告诉他们，他要做大众的公仆，而不是小众的众仆，最终要追求的是国家和人民的大利，而不是自己和企业的小利。

---

① 张謇：《通州大生纱厂第八届说略》，李明勋、尤世玮：《张謇全集》第 5 卷，上海辞书出版社，2012 年，第 312 页。

② 张謇：《析产书》，李明勋、尤世玮：《张謇全集》第 6 卷，上海辞书出版社，2012 年，第 306 页。

针对有人指责他从个人角度出发，一味拿股东的钱做"好事"，张謇理直气壮地反驳道："二十余年自己所得之公费红奖，大都用于教育、慈善、公益，有表可按，未以累股东，而慷他人之慨也。"[①]"须知张謇若不为地方自治，不为教育、慈善、公益，既专制朝廷之高位重禄，且不足动我，而顾腐心下气为人牛马耶？"[②]确实，张謇若不是为了地方实业和公众利益，而仅仅是考虑个人的利害得失，他完全没有必要"为人牛马"。

张謇在担任由他发起成立的江苏铁路公司协理时，再次谈到了"公仆"问题，阐发了他独特的商德观。他表示：任职公司，拿工资是天经地义的事，但苏路公司事关国权民生，自己愿意做"义务公仆"[③]，除为路事所用应由公司支付外，不收分文公费。[④]同时，他又向股东们保证，自己会自觉尽到"公仆"的职责，绝不会因不拿工资而"稍有分毫委卸退缩之意"[⑤]。由此可见，他在立志做"公仆"的同时，亦不放弃"众仆"的责任；在追求国家的"大利"的同时，亦维护企业的"小利"，而恰恰不顾个人的一己"私利"。这就是张謇的伟大之处，也是他义利兼顾、以义为先的最好写照。

张謇与他同时代的著名日本企业家涩泽荣一齐名，并相识。他俩有着共同的价值观。21世纪初，我在会见来南通投资的由涩泽荣一在100年前创办的王子造纸公司负责人时，担心他们的造纸排水会污染环境，提出了一些疑问，对方回答我，他们一直坚持涩泽荣一的经商理念——"一手拿算盘，一手拿《论语》"，尽管企业是要追求利润的，但也要讲儒家的道德伦理，不必担心他

---

① 张謇：《大生纱厂股东会宣言书》，李明勋、尤世玮：《张謇全集》第4卷，上海辞书出版社，2012年，第551页。
② 同上
③ 张謇：《勉任苏路协理意见》，李明勋、尤世玮：《张謇全集》第4卷，上海辞书出版社，2012年，第103—104页。
④ 同上
⑤ 同上

们会因逐利而不讲道义、污染环境。我听后甚感释然，也很钦佩。但现在想想，张謇不仅一手拿算盘，一手拿《论语》，而且始终以"论语"为主，以"算盘"为辅，竭力追求国家和人民的"大利"，一切以义为先、以义为主，似乎又比涩泽荣一略高一筹。

四、"强毅力行"——艰苦奋斗，勤俭耐劳

张謇虽是一介书生，但坚韧不拔的勇气和百折不挠的斗志，却是常人非能比拟；张謇虽是富甲一方的大企业家，但勤俭耐劳、富而不奢的品行却始终伴随终身。这些都构成了张謇道德高地的风采。

1911年6月，张謇以全国教育联合会会长的身份，应邀去北京商业学校给学生做了一次演讲。有意思的是，张謇在演讲中不谈如何办学，不谈商校学生专业所需的知识和技能，却在大谈商业道德（如前所述）的同时，大谈如何磨炼意志，砥砺品行，特别是如何树立远大志向，并"强毅之力行其志"[①]。

张謇在演讲中，首先回顾了自己十几年来艰辛办厂创业的经过和心路历程。他说自己刚开始办厂时，"初集数万金，厂舍建筑甫成，而经费告匮。继集数万金，棉花收买未足，而经费又告匮。东拼西凑，朝夕拮据。加之小人之阻难，局外之反对，困苦情形，不但他人未曾尝试，即鄙人回溯生平，亦有数之厄运也。"[②]"故不顾牺牲目前之快乐，力与患难为敌，久且相安。视烈风雷雨与景星卿云等量齐观矣"[③]。也就是说，为了事业成功，

---

① 张謇：《北京商业学校演说》，李明勋、尤世玮：《张謇全集》第4卷，上海辞书出版社，2012年，第187页。
② 同上
③ 同上

他经历了种种艰难困苦，最终已习以为常，以苦为乐。他以自己的经验和体会告诫大家："一介寒儒，无凭借如余者，所志既坚，尚勉强有所成就，天下士亦可大兴矣！"[①] 也就是说，像我这样无所凭借的一介寒儒，靠着坚定的志向和毅力，也能有所成就，你们就更应大有作为了！

接着，张謇又满怀感慨地叙述了不识字的山东"武圣人"——武训，忍常人之不忍，为常人之不为，靠乞讨集资办义学，造福农家子弟的感人事迹，从而得出了"人患无志，患不能以强毅力行其志耳"[②] 的观点。

武训（1838—1896），山东冠县人，原名五七，清廷为嘉奖其舍身兴办教育之功，取"垂训于世"之意，替他改名武训。他7岁丧父，乞讨为生，求学不得。后当佣工，屡屡受欺侮，雇主甚至欺其不识字，以假账谎称三年工钱已支。他吃尽文盲苦头，决心行乞兴学，让贫寒子弟均能读书识字，最终他靠行乞积累，吃尽千辛万苦，忍受奇耻大辱，在馆陶、堂邑、临清三县置地300多亩和钱财若干，创办了多所为农家孩子免费教育的义塾，实现了平生志愿。朝廷封其为"义学正"，赐给黄马褂和"乐善好施"匾额，准予建立牌坊。

张謇认为，"武一乞丐，幕天席地，四大皆空，是真丝毫无所凭借。然一意振兴教育，日积所乞之钱，竟能集成巨资，创立学塾数所，是真士大夫对之而有愧色者也"[③]。

张謇通过自身和武训的事例，实际上是要阐明：人的品行砥砺和事业成功，关键是要突出三点：一是要树立远大的志向，志存高远；二是要力践其志，奋斗不已；三是要坚毅刚强，百折

---

① 张謇：《北京商业学校演说》，李明勋、尤世玮：《张謇全集》第4卷，上海辞书出版社，2012年，第187页。
② 同上
③ 同上

不挠。

张謇对"强毅之力"的直白解释是，"一个人到了苦难境遇，还是要抱定拿牙齿打落在嘴里和血吞，连手都用不着去摸肚子"[1]。他还说："鄙人自脱离科举后，投身实业界，适当中国否塞之时。官僚奚落我，商侩轻视我，而我个人一切不顾，并力开辟，经过许多困难，方得最后之稍许顺利。不能算偿还困难，惟拿来增加奋斗。盖天下最有力的是金钱，最有作用的是势利。立时冷暖，人非受其熏蒸不可，能至大冷不觉其冷，大暖不觉其暖之一境，即庄子所谓入水不濡入火不热者，便可以处世，便可以成事。"[2]

张謇曾这样描述过他在办厂初期的艰难处境和悲苦心境：夜里忧心失眠，白天忍辱蒙讥，与不三不四之人交往，做平生不乐意之事，唇焦舌干，运笔枯竭，懊丧之极，这样的遭遇不知有多少。当然，最终他还是凭着顽强的意志和强毅力行精神，渡过了难关，克服了种种艰难险阻。

张謇在品行上超越常人的高尚之处，不仅在于他在干事创业中能艰苦奋斗、强毅力行，更可贵的是在事业成功、生活富足后，依然能保持勤俭耐劳、富而不奢的常态。

张謇的人生信念是"下走之为世牛马，终岁无停趾；私以为今日之人，当以劳死，不当以逸生。"[3]他对商校学生的最后赠言是："吾人之享用，不可较最普通之今人增一毫；吾人之志趣，不可较最高等之古人减一毫也。"[4]

张孝若对其父张謇的描述是："我父一生固然是刻苦，也十

① 张孝若：《最艰难的创业者：状元实业家张謇传》，新世界出版社，2016年。
② 张謇：《中国科学社第七次年会公请南通各界宴会答辞》，李明勋、尤世玮：《张謇全集》第4卷，上海辞书出版社，2012年，第514页。
③ 张孝若：《最艰难的创业者：状元实业家张謇传》，新世界出版社，2016年。
④ 张謇：《北京商业学校演说》，李明勋、尤世玮：《张謇全集》第4卷，上海辞书出版社，2012年，第514页。

分节俭，他穿的衣衫，有几件差不多穿了三四十年之久，平常穿的大概都有十年八年。如果袜子、袄子破了，总是加补丁。每天饭菜不过一荤一素一汤，没有特客，向来不杀鸡鸭。"[1]

张謇对其爱子张孝若的教诲则是："天下之美德，以勤俭为基。凡致力学问，致力公益，致力品行，皆勤之事也；省钱去侈，慎事养誉，知足惜福，皆俭之事也。"[2]

张謇最反对的就是，事业稍有所成，生活初感富裕，便骄奢淫逸，贪图享受。他特别告诫商校学生："尔所谓实业家者，驷马高车，酒食游戏征逐，或五六年，或三四年，所业即亏倒，而股东之本息，悉付之无何有之乡。吾观于此，乃知勤勉节俭、任劳耐苦诸美德，为成功之不二法门。"[3] 这对今天的企业家或所有干事创业的人，仍具有振聋发聩的警醒作用！

在过去的时代，儒生与商人的身份迥然不同，两者的价值追求和职业道德，也大有差异。在一般人看来，儒生的社会地位和精神境界要大大高于商人。而张謇由"儒"转"商"，似乎降低了社会地位，却没有丝毫降低自己的价值追求和道德水准。张謇的经商准则是儒家的道德标准，即他所说的"言商仍向儒"。

"贵重最农夫，钱翁识字殊。岁功排菽枣，家世长枌榆。训子出求学，言商仍向儒。田间无暇日，七十只须臾。"[4] 这是张謇在为通州友人钱九皋所写的祝寿诗。他在诗中，除了称赞钱翁以农耕为重，诗书传家，受人尊崇，还借题发挥，表达了自己言商仍向儒的志向和理念。他认为，即使经商，也要保持儒家本色，心系天下苍生，负起道义担当。经商不能只追求个人私利，要有

① 张孝若：《最艰难的创业者：状元实业家张謇传》，新世界出版社，2016年。
② 张謇：《家书·致张孝若》，李明勋、尤世玮：《张謇全集》第3卷，上海辞书出版社，2012年，第1522—1524页。
③ 张謇：《北京商业学校演说》，李明勋、尤世玮：《张謇全集》第4卷，上海辞书出版社，2012年，第187页。
④ 张謇：《寿钱翁七十》，李明勋、尤世玮：《张謇全集》第8卷，上海辞书出版社，2012年，第820页。

家国情怀，矢志报国，造福乡里。即使经商，也要以儒家的道德伦理为准绳，讲公德、讲诚信、讲品行，做到品行端一、忠实不欺。即使经商，也要不断读书学习，提高人文修养，做一个别具一格的儒生。

张謇一直以古代圣贤尧舜为楷模，他希望成为他们那样的"实业政治家"。他在《记论舜为实业政治家》一文中指出：舜之所以最终能成为统帅华夏的"政治家"，是因为他以实业为基础，"舜耕历山，渔雷泽，陶河滨，作什器于寿丘，就时于负夏。"① "无论耕渔之为农，陶与作器之为工，就时之为商，其确然者矣"②。有了农工商等实业的发展，自然可以"一年而所居成聚，二年成邑，三年成都"③，最终天下归顺。因此，"若非舜之实业发达，亦未必人人归附如此"④。然而，舜的实业为何能发达呢？是因为他讲道德，"实业须是忠实"⑤，"此又其发达之本"⑥。

在张謇看来，以"忠实"为核心的优良商业道德，一方面可以得人望，"耕历山，历山之人让畔；渔雷泽，雷泽之人让居；陶河滨，河滨器皆不苦窳"⑦；一方面可以实实在在地获利，"贪者希重利，常有居奇之思，故时作观望之计；廉者但有余利即卖，而更市他价贱之物以消息之。一则看似欲厚利而周转迟，反薄；一则不必厚利而周转速，反厚。故比较其数，贪三而廉五也"⑧。

若进一步考察张謇的道德观，我们会发现，张謇的了不起之

① 张謇：《记论舜为实业政治家》，李明勋、尤世玮：《张謇全集》第 4 卷，上海辞书出版社，2012 年，第 82 页。
② 同上
③ 同上
④ 同上
⑤ 同上
⑥ 同上
⑦ 同上
⑧ 同上

处，不仅在于他把儒家道德看作个人和企业的安身立命之本，而自觉笃信坚行，更主要的是，他从国家强盛的高度看待道德的作用，将完善的道德看作立国育民的根本之途。他认为，"一国之立，必有其本。本何在？在道德。"① "道德者，良心而已。良心之生为廉耻，有廉耻故有为，有不为。能有为、有不为，故有常。有常，故信。"② "无良，不人；无信，不国"③；"无人伦道德之国，未有不覆者"④。作为一个伟大的爱国主义者，张謇把道德立国，看作实现强国梦的根本途径。有了这样对道德价值的高端而又深刻的认识，张謇不可能不身体力行，自觉践行道德要求，也不可能不竭尽全力在商界、在社会各界倡导推行道德伦理。

出于张謇的道德思想和道德品行都走在时代的最前列，他无可置疑地成了企业家及各方人士的道德楷模。对于几近"道德完人"的张謇，日本学人驹井德三在对张謇及所创南通事业深入考察后，作出了较为深刻而公允的评论："张公之所长：一、为头脑明晰，学识丰富，眼光宏远，且尊重科学，有研究应用之才。二、为意志坚固，有心有所绝非达其目的不止之气。三、为其勇决在中国人中，实所罕见，有虽千万人我往之气概。四、为其人格高洁，奉己甚薄，粗衣粗食，而持己甚严。五、为有高雅之风，对于学问书画，以及演戏各种文艺，极有趣味而时刻为之，虽掷巨万之私财，亦所不惜，有时忙中取闲，隐居山庄，或读书，或作诗，或应人之请挥其大笔是也。"⑤

张謇当年的所作所为，特别是他所树立的商德榜样，如今仍有现实意义。我们的企业家要学习张謇的崇高的道德情操，在弘

---

① 张謇：《复段祺瑞函》，李明勋、尤世玮：《张謇全集》第 2 卷，上海辞书出版社，2012 年，第 596—597 页。
② 同上
③ 同上
④ 同上
⑤ 张孝若：《最艰难的创业者：状元实业家张謇传记》，新世界出版社，2016 年，第 311—312 页。

扬民族企业家先贤楷模的道德品质的过程中，自觉践行新时代商业道德。我们要不断提升文化道德修养，争做新时代的儒商。我们还要提高思想境界，在继承优良的传统文化的同时，自觉融入当代文明，推动物质文明和精神文明高质量发展。

我对张謇的认识过程 （代后记）

最近，时常有人会问我，你是何时开始研究张謇的？为何你的研究结果与一般人不太一样？对此，我总是笑答，我并不是真正研究张謇的人，只不过，我在张謇家乡南通工作了十几年，慢慢积累了对张謇的认知，并结合南通发展的需要，对张謇的精神进行了一定程度的挖掘。我的一些观点，往往来自设身处地对张謇精神世界的独特感知和体悟，因而也就有点与众不同。

一、试打"张謇牌"

1999 年下半年，我受江苏省委委派，到南通任市委常委、副市长。在去南通之前，我对张謇几乎一无所知，只听说他是南通人，清末状元，如此而已。去南通后，便与张謇结下了不解之缘。不久，我住在张謇当年建的中国近代最早的对公众开放的公园——五公园之一的南公园，上班在张謇当年建的通海商会大厦。我听说张謇当年创办了许多企业、学校、文化机构。离我住所不远就有他创办的近代第一个博物馆——南通博物苑，是当时南通市唯一一个全国重点文物保护单位。

于是，在一个周日的下午，我骑着自行车，悄悄来到满心向往的博物苑。令我甚感遗憾和惊讶的是，我一路打听博物苑的地址，即使快到跟前了，也很少有人知晓。到了博物苑门口，看到街道对面濠河沿岸水泥护栏杆早已断裂，一头在岸上，一头挂在水里，中间连接着裸露的生锈钢筋。沿着博物苑的围墙，违规搭建了许多小餐馆、小商店和卖柯达胶卷、简制冰棒的摊位。

当我花了 6 元钱，买了一张皱巴巴的油印门票入苑后，看到濠南别业展厅内，灯光昏暗，地板破损，图片杂乱无章，更是大失所望。我在心里暗暗叹道：明珠暗投了！同时，我也萌发了要将"明珠"（博物苑和张謇）再次擦亮的想法。

2000 年下半年，我担任了南通代市长，开始谋划南通的整体发展。一天晚上，我约了博物苑资深研究员、张謇研究专家赵鹏，骑着自行车把南通老城区转了个遍。我们在寺街、西南营等地察看张謇当年的历史遗存和老旧民居、街道，边走边聊。我向他探询南通经济和文化的发展策略，他脱口而出，"打'张謇牌'"！我闻之精神为之一振，似乎感到找到了撬动南通发展的一个支点。

经过一段时间对张謇生平事迹及南通历史文脉（包括近代城市发展）的梳理，我决定从改造濠南路入手打"张謇牌"，并探寻老城区建设与文旅项目相结合的突破点。

濠南路位于南通老城区和濠河风景区核心地段，虽然总长不到一公里，但这里是南通近代实业、教育、城市建设的发祥地。这里有张謇的故居，更有闻名遐迩的中国近代最早的南通博物苑，周边还有当年创建的有斐饭店和商会大楼，及南通师范学校等文化教育机构和商业场所。而在改造之前，整条路破旧狭窄，路面坑坑洼洼，每天下午五点后，"濠南夜市"开张，沿街兴起了"地摊经济"，一派杂乱喧闹景象，不要说汽车无法通过，连自行车也要推着走。半夜后，市场收摊，留下满地污垢，一片狼藉。

正当我酝酿如何改造濠南路时，一位市政协委员周健（时任《江海晚报》编委、采访中心主任）提出了一份很有见地的提案，建议把濠南路打造成具有民国风格的文化街区。他大声疾呼：张謇不能被遗忘，南通博物苑不能被遗忘，我们要大力保护和利用这些被遗忘的文化财富。这份提案引起了市里各方面的关注。

2001年初，我们开始实施濠南路改造。为了充分挖掘濠南路的历史文化底蕴，展示那个时期的特有风貌，我们特邀了文化界知名人士担任顾问，并多次听取市民的意见。那一年的国庆假期，修葺一新的濠南路及相关历史遗存，以令人耳目一新的新形象展现出来，前来游览、观看的市民群众，摩肩接踵，络绎不绝，亲水平台和栈道挤满了人。城建局长既兴奋又惊慌地赶来向我报告，说人太多了，可能要出事（特别是一些老人和小孩会被挤下河）。我一边叫他注意维护秩序安全，同时也暗自为这个改造项目得到老百姓的真心认可而高兴。

改造后的濠南路，不仅将博物苑、濠南别业等老建筑及其院落修整得通透亮丽，而且在沿街点缀欧式铁艺栏杆、候车亭和街灯等，充分体现张謇时期"欧风东渐，东西交融"的风姿，并使老街区自然融入濠河风光带。与此同时，为了以艺术的形式再现当年张謇时期的追求和成就，我们还请南通画坛领军人物沈启鹏等同志主持创作了沿河岸大型浮雕《强国梦痕》，着重描绘了以张謇为代表的南通的志士仁人为追求强国梦的突出事迹。同时还请了著名青年雕塑家吴为山（现为全国美协副主席、中国美术馆馆长）依据原始老照片，创作了《张謇和梅兰芳》《荷兰水利工程师特莱克》等雕塑精品。由此，张謇的事迹、张謇的精神，随着一个城建和文旅项目第一炮打响，得到了前所未有的关注和传播。

二、力推"第一城"

2002年上半年，我们开始了南通博物苑百年庆典筹备工作，并准备建设以南通博物苑为龙头的环濠河博物馆群，力争把南通打造成博物馆城。当年7月，我们邀请建筑学界泰斗吴良镛先生来南通主持博物苑新馆设计，由此引出了"中国近代第一城"的话题。由此，进一步提升和弘扬了张謇的辉煌业绩与爱国主义精神。

针对吴良镛关于南通是"中国近代第一城"的立论，我们借题发挥，乘势而上，组织了一系列关于"中国近代第一城"的研讨、宣传活动。据包永辉（时任新华社江苏分社总编）所著《黑马南通》描述："在南通，一场研究张謇、宣传张謇的风暴随之展开。罗一民直接主持召开研讨会，谈观点、出思路、作部署，并亲自参与起草了几篇重量级的研究文章。为给北京的专家提供'子弹'，南通市文化局拿出 10 个课题公开招标，'悬赏'有关张謇和'中国近代第一城'的学术成果，当时的标价少的 1500 元，多的 3000 元。这个课题经费在今天看来不值一谈，在 10 多年前却具有一定的吸引力。"

南通地方史研究专家赵鹏等一批专家，很快就拿出了成果，赵鹏的成果是《张謇的建城思想与实践》。南通市原文化局局长黄振平说，他比较看重赵鹏的成果，因为赵鹏是位很有个性和学养的学者，不是那种墙头草式的文人，不会轻易与世俯仰。如果作为地方上的他与吴良镛持同样的观点，那说明这件事就比较靠谱了。

2002 年 11 月下旬，吴良镛先生再次来到南通考察。他先后于南京和南通两地举办的"江苏科技论坛"上，第一次向学术界明确提出了南通堪称"中国近代第一城"的结论。

2003 年 1 月 13 日，我已担任市委书记。一次去北京参会时，专程拜访了吴良镛，了解博物苑新馆设计情况。吴先生在展示新馆设计草案时，饶有兴致地论述了"中国近代第一城"。

吴良镛指出，经过大胆假设、小心求证，南通"中国近代第一城"得到初步的诠释：张謇经营之南通，是中国早期现代的产物，它不同于租界、商埠或列强占领下发展起来的城市，是中国人基于中国理念，比较自觉、有一定创造性地、通过较为全面的规划、建设、经营的第一个有代表性的城市。

作为时任南通市委常委、宣传部部长，张小平负有向舆论推介、宣传"中国近代第一城"之责。"我们向首都新闻界推介'中国近代第一城'的第一次讨论会，是在新华社招待所进行的"，她回忆说，"那时，我们对南通是'中国近代第一城'，心里一点底都没有，怕说出去会贻笑大方，所以大家争论得很激烈，一直持续到深夜。最后的结论是，先宣传出去再说，即使站不住脚也没关系，只要能吸引了大家的眼球，这本身就成功了"。

后来，在新华社原办公厅主任吕金林、总经理室副总经理仇学忠两位南通老乡的帮助下，有关"南通——中国近代第一城"首都新闻界发布会在新华社大楼 22 层举行。

"新闻发布会召开不久，还是有人提出不同意见，认为在宣传之前，最好再找一批专家论证一下。罗一民却道：'找谁论证？不可能有权威部门来回答你这个问题。即使产生了争议，也未必是件坏事，可以提高南通的知名度。'"①

2003 年初，我刚从北京拜会吴良镛回来不久，就接到了时任《新华日报》副总编、后任总编周跃敏的电话。当时《新华日报》新开辟了一个栏目叫"新华连线"，要各地的市委书记对各市上一年的亮点进行盘点。我感到这是宣传南通"中国近代第一城"的一个良机，表示希望专门谈这个话题。

其实，我对自己的想法能不能得到《新华日报》的认可心里也没底，出乎意料的是，周跃敏非常支持。于是，2003 年 1 月 21 日，一篇以《南通让"中国近代第一城"大放异彩》为标题的文章，在《新华日报》的头版头条隆重推出。这也是南通之外最早的、较有影响的媒体认同南通"中国近代第一城"的说法。

我在接受《新华日报》总编连线采访时，比较详细地阐述了

---

① 包永辉：《黑马南通》，浙江人民出版社，2012 年。

力推这一品牌的理由，主要有三：

第一，"中国近代第一城"有着丰富的历史内涵和人文价值，可以得到很好的挖掘、延续。这里包括有形的，也包括无形的，有形的是指张謇规划设计实施的南通城有很多遗产可以保护下来，不管是工业的，还是文化、教育、社会事业的，都可以充分挖掘利用；无形的是指张謇的规划设计理念，以及他对社会事业、文化教育的独特观念，至今对我们仍有启发、借鉴意义。

第二，可以大大增强南通人的自豪感，有利于我们高起点、高标准地建设城市和发展社会事业。100多年前，我们的先人曾开风气之先，干到第一，那么100年后的今天，南通决不能落后。"中国近代第一城"的历史荣耀将大大激发我们对更高目标的追求，现在南通虽称不上现代第一城，至少也要跻身一流的城市行列！我们说，一个人能否成才关键要看他有没有远大的志向，而一个城市能否跨越式发展，关键要看有没有高标准的定位和高目标的追求。

第三，打出这个品牌，可以成为南通两个文明建设、全面建设小康社会的主要抓手和重要推动力。我和吴良镛先生交流时发现，南通之所以能被称为"中国近代第一城"，首先因为它是由中国人第一次全面规划设计的，更重要的是，在当时张謇就有完整的现代化理念和措施，现在看来，很多还能承续下来、对接起来，非常值得借鉴。尤其是他的"父教育、母实业"的思想，部分涵盖了物质和精神文明建设两个方面的内容，是南通推进两个文明协调发展、全面建设小康社会的最好载体。弘扬这一理念，要特别注重延续、拓展和深化，把张謇思想为我所用，为现在所用，加快城市化、现代化进程，提升南通城市品位。

我的观点很快也在《南通日报》上得到大张旗鼓地体现。

2003年2月11日起，《南通日报》连续用整版的篇幅，以《让"中国近代第一城"大放异彩》的通栏标题，刊登了精心策划的一组系列报道，分文化篇、规划篇、实业篇、城建篇、教育篇等 10 余个专题，对张謇的思想、实践，以及近代南通经济社会建设的成果进行全面的盘点，并发表了专家相应的研究成果和心得。

"如今，称南通为'中国近代第一城'的声音越来越多，表示质疑的越来越少。来过南通的党和国家领导人，都称赞南通注重挖掘、传承和弘扬以张謇为代表的近代历史和人文精神，思路对头，方法科学，寄语南通进一步把历史文化保护好、传承好、发展好。"①

进入 2003 年，为了进一步弘扬张謇精神，我们开始筹备纪念张謇 150 周年诞辰活动。元月 8 日，我在南通张謇研究中心会长李明勋报送的建议书上批示：纪念活动应与提高南通形象，深化张謇理论学术研究，宣传"中国近代第一城"，促进民营经济发展和招商引资等有机结合。要抓紧做好准备工作，提高组织和整合程度。

2003 年 6 月 24 日，纪念张謇先生 150 周年诞辰大会隆重举行。全国政协副主席、工商联主席黄孟复到会讲话，省政协副主席、工商联主席李仁主持，省政府副省长黄卫致辞，国家有关部委、省市有关领导，国内外知名专家学者，民营企业家，张謇后裔及各界人士 1000 多人参加纪念大会。我在会上作了《弘扬先贤伟业，再创时代辉煌》的发言。由张謇后人张绪武主持编撰的《张謇》画册同时出版。时任国家主席江泽民专门为画传题词：发扬爱国主义传统，建设社会主义祖国。

2004 年，我们一边组织召开了"中国近代第一城"学术研讨会以及各种研讨宣传活动，一边紧锣密鼓地开始了南通博物苑百年苑庆活动。市政府秘书长朱晋、文化局长黄振平等做了大量认

① 包永辉：《黑马南通》，浙江人民出版社，2012 年，第 176 页。

真细致的工作。

2005 年 9 月 25 日，由文化部、国家文物局、江苏省政府主办，南通市委市政府、省文化厅承办的"南通博物苑——百年暨中国博物馆事业发展百年庆典活动"正式开幕。分管全国宣传文化工作的中央政治局常委李长春发来了贺信。国际博物馆协会主席库敏斯携秘书长到会，并发表致辞，对张謇及中国博物馆事业给予了充分肯定。全国政协副主席张克辉、文化部长孙家正、国家文物局局长单霁翔、张謇嫡孙张绪武一起参加了活动。大家对张謇作为南通博物苑的创办人和中国博物馆事业的奠基者，给予了高度评价。

"百年苑庆"活动后，我们趁热打铁，不失时机地把宣传博物苑和张謇业绩与南通申报历史文化名城工作紧密结合起来。当时，全省、全国历史悠久、文化深厚的城市很多，南通并无明显优势，很多人认为南通肯定申报不成。但我们认为，已批的历史文化名城都是以古代历史文化见长，因清末民初的历史文化获批的城市还没有，而南通因张謇打造了"中国近代第一城"，完全可以为近代历史文化名城增色。

《黑马南通》一书饶有兴趣地写道："2003 年 3 月，南通市委、市政府借南通博物苑总评规划及新馆设计在北京召开论证之际，专门召开了'中国近代第一城'论证会。中国国家历史文化名城专家委员会主任郑孝燮、副主任罗哲文先生，除高度评价吴良镛提出的科学命题外，还对南通申报国家历史文化名城提出了殷切希望。

"在座的罗一民和副市长蓝绍敏听后眼前一亮，'这与市委、市政府的考虑不谋而合'于是，随即将这项工作列入'五城同创'（全国文明城市、国家环保模范城市、国家卫生城市、国家历史文化名城、国家园林城市）的目标。

"在市委、市政府领导，特别是两任分管副市长季金虎、杨展里赴南京、跑北京说明南通、推荐南通的同时，南通还主动邀请一大批国际国内文化界的名人、领导，对南通的历史文化保护和申报工作给予直接的指导。文化部原部长孙家正于2005年、2007年两次到南通考察并指导文化工作，并就城市建设与文化传承保护在南通举办的世界大城市带发展高层论坛上发表演讲。建设部部长汪光焘亲自登上新修的文峰塔考察。国际博物馆协会主席库敏斯上任不久就和秘书长一起来南通出席南通博物苑百年庆典。

"南通的文化遗产保护也引起了北京、上海、南京一些专家学者的关注。中央党校把南通文化保护经验当作教学案例来研究。

"2008年岁末，对于南通的文化界人士来说，是永远值得纪念的。在鼠年即将过去的时刻，由李克强常务副总理签发的历史文化名城名录公布在中国政府网上，南通的名字赫然在目。"①

三、真心"学先贤"

随后，为了挖掘和弘扬张謇所孕育的近代南通城市精神，以推动南通的跨越发展、科学发展、和谐发展，我们组织了广泛深入的城市精神大讨论活动。历经9个多月的大讨论，2005年12月22日，在南通第四届发展论坛上，我代表南通市委市政府宣布，将南通城市精神的核心内涵概括为"包容会通，敢为人先"8个字，号召全市人民弘扬南通精神，再创新的辉煌。

对此，时任南通市委宣传部副部长的陈亮同志，在前不久发表的《忆南通精神大讨论》中，有着生动的描述："南通市委领导深刻认识到文化对城市经济社会发展持久的支撑作用。从2005年5月起，围绕新时期南通应该有什么样的城市精神，开展了系

---

① 包永辉：《黑马南通》，浙江人民出版社，2012年。

列讨论活动。比如：南通要加快发展首先要冲破'思想上的长江天堑'，新时期南通人应有什么样的形象？南通实现'双超'后应该怎么办？5年后我心目中的南通是什么样？等等。全市上下从党政机关到企事业单位，到乡镇街道、学校、社区，广泛开展各种形式的大讨论活动，每一次讨论活动和主题教育实践都是一次思想解放。各种观点和见解在座谈会、研讨会、报告会、演讲会、辩论会上相互碰撞，此起彼伏。在开展大讨论期间，共收到关于南通精神大讨论的理论文章120多篇。在此基础上，从10月中旬开始，又在全市开展了南通精神表述用语征集活动，截至11月底共收到书面稿件371件，手机短信3572条，在征集到的众多表述用语中，通过调查显示，'包容会通，敢为人先'这8个字表述以61%的得票率，成为全市上下最认同的南通精神表述用语。南通精神大讨论活动进行到这个火候，收官的时候到了，这个收官就是第四届南通发展论坛。"

当时，陈亮同志负责的一项重要工作就是举办南通发展论坛。南通发展论坛是市委宣传部打造的一个重要理论宣传载体，也是形势任务教育的龙头工程。2002年开始举办，每年围绕市委市政府中心任务，明确一个主题，组织市内理论骨干开展广泛深入的调查研究，形成一批理论成果，在此基础上，选择较为成熟、优秀的理论成果，参与论坛发言交流，根据需要邀请相关高层次专家来南通作主旨演讲。最后由市委书记作总结讲话，形成共识，推动工作。第一届南通发展论坛的主题是"新阶段的竞争与发展环境"，第二届论坛主题为"新阶段的开放与竞争"，第三届论坛的主题是"文化南通与跨越发展"，第四届的主题当然围绕南通精神大讨论活动，主题确定为"弘扬南通精神，推动跨越发展"。论坛上，我们邀请时任省委研究室副主任的范朝礼先生作了主旨演讲，他站在全省的高度分析南通独特的地理优势和人文优势，对南通的未来发展提出切实展望和建议。请时任南通职业大学教授丰坤武先生分析南通人的文化性格，从历史文化的角度，阐发南通人应该有什么样的精神和形象。论坛还邀请了南通大学美籍专家特利女士，南通籍世界冠军代表葛菲女士，温州籍在通企业家——南通好一佳置业有限公司总经理赖住佳先生，市建工集团总经理张向阳同志等先后发言，阐述他们在南通的亲身体验和对南通精神的理解。最后，我代表市委市政府郑重宣布：经过全市上下广泛而深入的讨论，经过反复多次的收集、筛选和提炼整合，经市委常委会议讨论，决定"包容会通，敢为人先"作为新时期南通精神的表述用语。我说：城市精神是一个城市发展的灵魂，是一个城市核心竞争力的深厚支撑。大力弘扬新时期南通精神，是时代的要求。我们要切实把握新时期南通精神的深刻内涵。"包容会通，敢为人先"这8个字，语言简练，内涵丰富，既传承了南通优秀的历史文化，又具有鲜明的时代特征和较强的激励性，有着极为深厚的文化底蕴和丰富的时代内涵。"包容会通"，指的是胸怀宽广，包容万物，兼收并蓄，融会贯通，这4个字体现了南通人的胸襟气度和生存发展的智慧。"敢为人先"，就是敢于突破传统，超越现实，勇于走前人没有走过的道路。这4个字体现了南通人干事创业的气魄和胆略。

从此，"包容会通，敢为人先"成为南通人跨越赶超的精神力量，成了南通人形象的目标定位，激励南通人民在市委领导下不断开拓创新，争创一流。弘扬先贤伟业，续写时代辉煌成为江海大地上雄伟壮丽的主旋律。经过全市上下几年的共同努力，南通赢得了跨越发展、科学发展、和谐发展的大好局面，被誉为"南通现象"。

作为市委书记的我，曾经在一次为全市领导干部举办的党课上，这样阐述南通精神与南通现象的关系：南通这几年在科学发展上的实践到底怎么总结？我认为最值得总结的，就是南通精神和南通现象。南通精神集中体现在8个字，即"包容会通，敢为人先"，南通现象也是 8 个字，即"跨越赶超，全面协调"。南通精神和南通现象都是我们在科学发展观指引下形成的成果，是我们贯彻落实科学发展观的集中体现和有力印证。这几年，我们之所以能够形成跨越赶超全面协调的科学发展南通现象，很大程度上得益于我们精心提炼和深入践行了这种城市精神。从某种意义上说，南通精神催生了南通现象，南通现象又印证了南通精神。

在后来的几年中，我们一方面请张謇研究专家章开沅及文化名人余秋雨等来南通宣介张謇精神，一方面在实际工作中践行张謇爱国爱乡、开拓创新的先进理念。我们开创性地连续举办了三届世界大城市带国际论坛，我们敢为人先地提出了构建沪苏通"小金三角"的战略构想，我们建成了南通人梦寐以求的"大桥、大港、大学"。南通由此迈上了速度和质量双领先的发展快车道。南通经济增长速度连续 7 年位列长三角 16 个城市之首，与历史上的"近代第一城"遥相辉映，一座当代长三角的明星城市，在长江北岸傲然崛起。

2009 年 12 月 26 日，文化学者余秋雨来南通考察、演讲。时任南通市委宣传部副部长的黄振平，在《城市美学一范本》中回忆道：余秋雨在演讲中，开宗明义就说，"我在研究城市美学过程中，南通一直是我的一个范本……张謇先生用现代城市观念建设了一个新南通；他说起在那个年代张謇创造的南通发展'黄金期'，黄金时代的特点是'百脉俱开，路路皆通'。张謇……找到了南通这个支点，他要撬动中国的现代文明。"

作为南通主政者，对张謇及其不朽精神的认识深化，不仅可以助推实际工作的开展，也使我自己的精神世界得到了应有的提升。我在十几年前接受《黑马南通》作者采访时，坦诚地说道，"张謇首先从精神上启发了我。我心目中的张謇是一个'三有张謇'，他有理想、有实践、有成就。我希望我在南通主政的日子里，也能够有理想、有实践、有成就，缺一不可。拿理想来说，作为党政一把手，我常跟机关干部说，一个人做成做不成事，聪明很重要，但是，最重要的是他的理想追求，有些人从小看上去好像笨笨的，但他志向远大，追求高远，最后也能成才。我们今天学张謇，最难学的，也是最该学的，是他以天下为己任的胸襟气度。这些年，我不时问自己，我有么？我希望我有！

"其次，张謇从方法上启发了我。余秋雨来南通做报告，说到张謇的时候，他说，张謇找到了南通这个支点，并用这个支点撬动了中国的现代文明。最后连孙中山先生都讲'真正做事的是你'。我没有张謇那么伟大，不能撬动中国，我只能撬动南通。我撬动南通，是因为我找到了支点，我撬动南通的经济，也是因为我找到了支点，靠支点的力量，让自己站在机制的制高点上，我要的是四两拨千斤，而非蛮干。"

四、探讨"新观点"

2011 年上半年，我离开南通，到省政协和省委统战部工作。这时我常回顾在南通工作时对张謇认识、宣传的经历。我总觉得自己虽然对张謇由知之不多到逐步了解，认识上也在逐步提高、深化，并在力所能及的情况下，促进各方对张謇的学习、研究和宣传，但对其认识还不够全面系统。在南通本地的研究和宣传更多的是为了打"张謇牌"，带有较多的"功利主义"和"短期行为"色彩。我深感，对于张謇这位极为丰富厚重的了不起的历史人物，我们对他的了解和认知，还远远没有达到还他历史真面貌的地步。我们应该在全面研究、评估张謇在全国、包括南通重大的历史性贡献的同时，对他深邃的思想、不朽的精神、高尚的人格，进行深度而全新的挖掘、提炼。

在我退休前后，我有了较多的时间看书学习。业余学习研究中国近代史和中共党史（包括中共领袖人物史），使我进一步开阔、拓展了历史视野，积累了历史知识和历史研究方法，从而对处于大的历史时代背景下的张謇，有了新的认识和体悟。

退出正式领导岗位以后，我担任江苏国际文化交流中心理事长，倡导并组织了多期文化讲座。后来，理事们要求我这个理事长也带头讲一次。我便在2018年下半年，以张謇为题讲了一次。

为准备这次讲座，我集中阅研了大量的关于张謇的书籍、资料，对张謇重新进行了连续性、系统性的思考和探究。经过两个多月的心无旁骛的学习思考，最终我对张謇得出了全新的结论：他不仅是个实业家、教育家，更是一个政治家。他一生在中国近代政治方面，有着诸多作为，有着重大贡献。开始得出这个结论时，我自己也不敢相信，因为这与大多数人常规性的认识（包括我自己以往的观点）很不一致。但是，在反复思考研究后，最终我还是确认了这一个结论。

本着"大胆假设、小心求证"的精神，我对张謇作为政治家的本色和作为，特别是他在强烈的爱国主义精神驱使下，积极投身于中国近代的重大政治活动及其成效，进行了多角度、全方位的考察和论述，形成了言之成理、持之有故的一套看法。

2018年11月，我在江苏国际文化交流中心的讲座上，以"政治家张謇与南通精神"为题，作了近3个小时的演讲。在讲之前，我生怕大家接受不了这样的看法，心里很是忐忑。但讲完后，现场反应强烈，基本上予以认同。特别是江苏省委原副书记顾浩，教育部原副部长王湛等老领导给予了充分的肯定。他们认为我对张謇的研究，可谓独树一帜，具有一定的开拓性、突破性。

随后，《同舟共济》《钟山风雨》《世纪风采》和《江苏社会主义学院学报》等多家刊物登载了我的文章，"思想潮""苏商会"等媒体、公众号登发了我的讲稿内容，点击量达数万。

这次讲座的成功，激励我进一步向张謇研究的深度和广度进军。在以后的一年多时间里，我接连以"张謇在江苏的政治活动""近代苏商精神的代表者张謇""张謇与通商精神""江南文化背景下的锡商与通商"为题，多次进行讲演和撰文，在学术界和社会上产生了一定的影响。

五、学习"新精神"

2020 年 7 月，习近平总书记在企业家座谈会上，赞扬张謇是爱国企业家的典范；在当年 11 月到南通视察时，他深刻指出：张謇在兴办实业的同时，积极兴办教育和社会公益事业，造福乡梓，帮助群众，影响深远，是中国民营企业家的先贤和楷模。张謇的事迹很有教育意义，要把这里作为爱国主义教育基地，让更多人特别是广大青少年受到教育。

习总书记的论述，对张謇及其爱国主义精神进行了最全面、最深刻的概括，对研究、宣传、学习张謇指明了正确的方向。在习总书记讲话精神指引下，我以爱国主义为主线，对张謇的一生思想言行，进行了重新梳理研究，得出了新的认识。

2021 年 1 月，我以"张謇——与众不同的企业家"为题，从"一生痴迷强国梦""亦政亦商为中华""只手打造'第一城'""精神遗产世代传"四个方面，总结了张謇爱国主义的表现和辉煌业绩，并在张謇企业家学院首期培训班上演讲。演讲一结束，演讲内容便在新华网、人民网、学习强国、澎湃网、新华日报网等多家网站上刊发，传播甚广。

学无止境，对张謇的研究亦无止境。2021 年 3 月，随着学习和研究的深入，我又在上一次演讲的基础上，起草了《言商仍向儒的张謇》一文，并在全国工商联组织的全国青年企业家培训班上演讲，再次引起了各方面的关注。随后，为了反映我对张謇研究的最新认识，在张謇企业家学院教授李汝、杨伟等学者的协助下，我将这次讲稿扩充、完善，形成了现在这本小书——《开路先锋：张謇》。

目前，学习张謇的热潮方兴未艾，研究张謇的成果层出不穷。我对张謇的认识，也不应该停留在现在的水平上。这本小书的完稿，只能算是我的一个阶段性的小结，其中还有许多浅陋疏漏之处，我愿意吸纳各方面的有益意见，更加努力地钻研博大精深的张謇精神，使自己对张謇的认识不断提高、深化。

回顾我 20 多年来对张謇的认识过程，有着许许多多的感慨和体会，对于今后如何进一步研究、学习张謇，我有三点基本感受。

1. 张謇是永远挖不尽的"富矿"。张謇伟大而又深邃，丰厚而又复杂。他留下的物质和精神遗产极其丰富，我们今天对它的了解和认识，还远远没有达到应有的高度和深度。2001 年，我就曾对身边的工作人员说过，张謇是一座价值巨大的"富矿"，我们应尽最大努力予以挖掘开采。今天看来，随着时代的变迁，在各方面的努力下，这座"富矿"显然已得到了相当程度的挖掘和开采，但还远远没有到尽头。对张謇的精神研究、提炼、弘扬，几乎永无止境。无论是专家学者，还是从事实际工作的，都应该再接再厉，不懈努力。

2. 各行各业都应学张謇。一生兼具读书人、企业家、教育家、慈善家、政治家等多种身份，一生所从事的职业和事业，横跨多个领域，张謇在多方面表现出的思想品德，特别是伟大的爱国主义精神，已成为各行业、各领域的坐标和典范。当今，不仅企业家要学张謇，政治家和专业工作者，乃至广大青少年和普通民众都应该学张謇。张謇的人格、品德、思想、方法、作为，值得所有有志为中华崛起而奋斗的人学习。

3. 要在新时代社会主义现代化新征程中践行张謇的精神。张謇是中国现代化的先驱和卓有成效的开拓者。他在强烈的爱国心和执着的强国梦的驱动下，在他所处的那个时代里，以现代化的思想理念，按现代化的眼光标准，奋力推进现代化的政治、经济、文化、社会、生态等各个方面的建设，并取得了令人瞩目的巨大成就，同时还留下了宝贵的经验教训和不朽的精神遗产。今天，在经过 100 多年的艰辛探索和不懈努力之后，实现现代化的奋斗目标依然是摆在全国人民面前的基本任务。进入新时代，全面推进现代化建设，虽然时代条件、战略方针、具体举措与张謇那个时代已不能同日而语，但作为人类社会发展进程的必然阶段，现代化建设有着许多共同的性质和规律。前人探索推进现代化进程的实践和思想，非常值得后人借鉴参照。我们今天学习张謇，最主要、最关键的，就是围绕全面建设社会主义现代化国家这个大目标，借鉴参照张謇早期现代化的实践和思想，切实践行张謇以爱国主义为核心的中华民族精神，全力推进复兴伟业，力争取得超越前人、引领后人的光辉业绩。

（此文为 2021 年 5 月 25 日在张謇企业家学院的演讲稿）

主要资料来源和参考文献

1. 李明勋、尤世伟：《张謇全集》【M】1—8卷，上海辞书出版社，2012年。

2. 张孝若：《南通张季直先生传记》【M】，上海：中华书局，1930年。

3. 章开沅：《开拓者的足迹——张謇传稿》【M】，北京：中华书局，1986年。

4. 章开沅、田彤：《张謇与近代社会》【M】，华中师范大学出版社，2001年。

5. 张廷栖、孟村：《早期现代化的先驱张謇》【M】，苏州大学出版社，2010年。

6. 黄正平主编：《大情怀大世界张謇的企业家精神》【M】，人民日报出版社，2018年。

7. 赵明远主编：《通商与通商精神》【M】，南京大学出版社，2018年。

8. 严翅军：《伟大的失败的英雄——张謇与南通区域早期现代化研究》【M】，社会科学文献出版社，2006年。

9. 李志茗：《赵凤昌评传》【M】，上海古籍出版社，2019年。

10. 黄振平：《南通中国近代第一城文集》【C】，南通市文化局，2003年。

11. 包永辉：《黑马南通》【M】，浙江人民出版社，2012年。

12. 刘厚生：《张謇传记》【M】，上海书店，1985年。

13. 驹井德三：《张謇关系事业调查报告书》【R】，政协南通市委员会文史资料研究委员会，1963 年。

14. 吴良镛："张謇与南通'中国近代第一城'"，《清华大学学报》【J】，2003 年第六期。

15. 王敦琴主编：《张謇研究百年回眸》【M】，南京大学出版社，2007 年。

16. 张謇研究年刊编委会编：《2001—2021 张謇研究年刊》【C】，张謇研究中心。

17. 故宫博物院明清档案部编：《清末筹备立宪档案史料（上册)》【M】，中华书局，1979 年。